Arbeitszeit und Arbeitslosigkeit

Zur Diskussion der Beschäftigungspolitik in der Schweiz

Hans Ruh
Jakob Schaad
Patrik Schellenbauer
Eberhard Ulich
Hans Würgler (Hrsg.)

D1721682

 Verlag der Fachvereine Zürich

Arbeitswelt Band 11

© 1994 vdf Verlag der Fachvereine
an den schweizerischen Hochschulen und Techniken AG, Zürich

ISBN 3 7281 2101 0

 Der Verlag dankt dem Schweizerischen Bankverein für die Unterstützung
zur Verwirklichung seiner Verlagsziele

VORWORT DES HERAUSGEBERS

Die seit 1991 stark angestiegene Arbeitslosigkeit ist von grosser politischer Ratlosigkeit und von Meinungsverschiedenheiten begleitet, was dagegen vorzukehren wäre. Die Arbeitslosenversicherung dient als geistiges Ruhekissen und entlastet das Gewissen. Die noch herrschende Meinung vertraut auf die Marktkräfte und erwartet vom Wiederaufschwung der Konjunktur und der Verheissung einer Revitalisierung der Wirtschaft die Lösung des verdrängten Problems. Indessen sind sich die Konjunkturprognostiker weitgehend einig, dass die Arbeitslosigkeit auch mittelfristig auf einem hohen Niveau verharren wird und insbesondere die Gefahr einer anhaltend grossen Zahl von Langzeitarbeitslosen droht.

Ich halte das "Laisser-faire-laisser-aller" in dieser Sache aus volkswirtschaftlichen und ethischen Gründen für verwerflich. Die Sorge der Bundespolitik bildet offensichtlich das wachsende Defizit in der Arbeitslosenversicherung und nicht die Arbeitslosigkeit an sich. Diese Haltung missachtet die unbestreitbar enormen sozialen und humanen Kosten, die mit der Arbeitslosigkeit verbunden sind; allerdings sind sie nicht so leicht fassbar wie die Arbeitslosenunterstützung. Ohne Zweifel wollen die Menschen bei wenigen Ausnahmen doch mit sinnvoller Arbeit ihr Brot verdienen und nicht von der öffentlichen Fürsorge leben.

Einzelne Unternehmen entwickeln indessen Modelle zur Erhaltung der Belegschaft, wobei die Verkürzung der Arbeitszeit unter verschiedenen Nebenbedingungen im Zentrum steht. Es geht jetzt darum, die Kreativität in dieser Richtung zu fördern, aber auch die Möglichkeiten zur Flexibilisierung der Arbeitszeit auszuschöpfen und zu erweitern. Wichtig erscheint mir, dass sich die Sozialpartner vorurteilslos mit der Strategie einer Variation der Arbeitszeit befassen und einen neuen "Sozialvertrag" zur langfristigen Vermeidung von Arbeitslosigkeit anstreben.

Der Anstoss zu dieser Schrift kam aus der Wirtschaftsredaktion des Tages-Anzeigers. Auch Vertreter des Ressorts Volkswirtschaft der Schweizerischen Kreditanstalt und des Zentralsekretariats und der Gewerkschaft SMUV haben eine Studie zum Zusammenhang von Arbeitszeiten und Arbeitslosigkeit als notwendig erachtet. Diese Interessierten haben mit mir zusammen dafür ein Konzept entwickelt. In der Folge ist es gelungen, zwei wissenschaftliche Assistenten am Sozialökonomischen Seminar der Universität Zürich, Jakob Schaad und Patrik Schellenbauer, für die Ausarbeitung der vorliegenden Hauptstudie zu gewinnen.

Ich habe zudem die Möglichkeit wahrgenommen, diesen Band noch mit zwei kleineren Beiträgen anzureichern, die das Thema der Arbeitszeitverkürzung auf längere Sicht angehen und Visionen einer grundlegenden Umgestaltung der Arbeitsgesellschaft vermitteln. Eberhard Ulich, ETH Zürich, leitet in seinem Aufsatz von einem ins nächste Jahrhundert hineinreichenden produktionstechnischen Szenario die Notwendigkeit ab, die Erwerbsarbeit in der Gesellschaft anders zu verteilen, was mit einer parallelen Umverteilung der Nichterwerbsarbeit gekoppelt ist. Ergänzend und vertiefend liefert Hans Ruh, Universität Zürich, in seinem Beitrag aus wirtschaftsethischer Sicht ein Modell zu einer neuen Zeiteinteilung für den gesamten menschlichen Tätigkeitshaushalt. Beide Zukunftsentwürfe belegen unter einem ganzheitlichen Ansatz für Individuum und Gesellschaft, dass die Verkürzung und Flexibilisierung der Erwerbsarbeitszeit als beschäftigungspolitische Strategie ein Schritt in die richtige Richtung ist.

Studien sind mit Kosten verbunden. Neben den interessierten Partnern SKA, SMUV und TA hat auch die ETH Zürich aus dem C.R. Brupbacher-Fonds die Erstellung der Hauptstudie mit einem finanziellen Beitrag ermöglicht und die Publikation dieser Schrift unterstützt. Allen Sponsoren sei dafür bestens gedankt. Beizufügen ist, dass sich diese durch die Studien inhaltlich nicht verpflichten lassen und die Verantwortung allein bei den Autoren liegt. Zu danken ist auch den Mitarbeiterinnen und Mitarbeitern des vdf für die angenehme, unkomplizierte und effiziente Kooperation.

Mein persönlicher Dank gilt Autoren, Sponsoren und Verleger im besonderen für die Bereitschaft, der Idee von kürzeren Arbeitszeiten zwecks Verhütung grösserer dauerhafter Arbeitslosigkeit im aktuellen beschäftigungspolitischen Diskurs zu mehr Beachtung zu verhelfen.

Zürich, im Februar 1994   Hans Würgler

LISTE DER SPONSOREN

- Eidgenössische Technische Hochschule Zürich, C.R. Brupbacher-Fonds
- SMUV, Gewerkschaft Industrie, Gewerbe, Dienstleistungen, Zentralsekretariat, Bern
- Schweizerische Kreditanstalt, Ressort Volkswirtschaft, Zürich
- TagesAnzeiger, Chefredaktion, Zürich

INHALTSÜBERSICHT

Arbeit für alle – für Männer und
Frauen, Junge und Alte – und damit
kürzere Arbeitszeit für alle: Das wäre
meines Erachtens die einzige unserer
Epoche gemässe Revolutionsparole.

Esther Vilar

BESCHÄFTIGUNG UND ARBEITSZEITEN

Ökonomische Aspekte

Von Jakob Schaad und Patrik Schellenbauer

INHALTSVERZEICHNIS

EINLEITUNG

Arbeitszeitreduktionen gehören in der Beschäftigungspolitik zu den umstrittendsten Themen. Während man auf der einen Seite mit ihrer Hilfe Arbeitslose in grosser Zahl von der Strasse zu holen glaubt[1], erblickt man in ihr auf der anderen die Quelle allen Übels, erhöhte Arbeitslosigkeit[2], geschwächte Konkurrenzfähigkeit[3] und Inflation[4] mit eingeschlossen. So liess sich der deutsche Bundeskanzler Helmut Kohl in diesem Zusammenhang vernehmen, ein Industrieland könne nicht als Freizeitpark organisiert werden[5]. Mit in der Schweiz nie dagewesenen Arbeitslosenzahlen (im Januar 1994 waren es insgesamt 5,2% der Erwerbswilligen) hat man auch in diesem Land begonnen, sich über die Beschäftigungswirkungen von Arbeitszeitverkürzungen die Köpfe heiss zu diskutieren. In dieser emotional geladenen Debatte soll diese Schrift einen Beitrag zur Versachlichung leisten.

In einem ersten Teil gehen wir kurz auf die Kosten ein, die Arbeitslosigkeit verursacht. Im zweiten Teil besprechen wir unter dem bewusst breiten Titel "Auf dem Weg zu einer Zwei-Drittels-Gesellschaft?", inwiefern sich zwischen Arbeitslosen und Erwerbstätigen auch in der Schweiz ein immer grösserer Graben öffnen wird. Das dritte Kapitel – der eigentliche Kern dieser Arbeit – ist der Arbeitszeitverkürzung als beschäftigungspolitischer Massnahme gewid-

---

[1] Siehe z. B. Seifert (1991) oder Gaillard (1993)

[2] Siehe z. B. Neifer-Dichmann (1991) oder Franz (1993) und Zentralverband schweizerischer Arbeitgeber-Organisationen (16. 4. 1993)

[3] Zentralverband schweizerischer Arbeitgeber-Organisationen (16. 4. 1993), S. 9

[4] Layard, Nickell und Jackman (1991), S. 502 - 508

[5] NZZ Nr. 252 (29.10.93), S. 35

met. Zunächst untersuchen wir, mit welchen Komponenten des Arbeitsvolumens – Arbeitszeit oder Beschäftigung – die Arbeitgeberinnen in der Schweiz in den letzten beiden konjunkturellen Einbrüchen auf die im Betrieb auftretende Unterbeschäftigung reagiert haben. Dann diskutieren wir die Auswirkungen einer – beispielsweise durch Gesetz oder Gesamtarbeitsvertrag – auferlegten Arbeitszeitverkürzung auf die Beschäftigung. Dabei greifen wir vermehrt auf ausländische empirische Evidenz zurück, da in dieser Sache keine schweizerische existiert. Im Abschnitt "Spezifisches Humankapital" setzen wir uns mit den Anreizen auseinander, die die Arbeitgeberin von sich aus hat, Arbeitskräfte auch bei Schwächen der Güternachfrage nicht zu entlassen. Im vierten und letzten Teil ziehen wir Schlussfolgerungen und schlagen einige Massnahmen vor, die die freiwillige Verkürzung von Arbeitszeiten an Stelle von Entlassungen begünstigen, sowie die Arbeitslosigkeit im allgemeinen bekämpfen sollen.

Für den interessierten Leser und die interessierte Leserin haben wir im Anhang die Massnahmen, die von verschiedenen Schweizer Institutionen gegen das bei uns neue Phänomen der Arbeitslosigkeit vorgeschlagen werden, zusammengestellt. Wir beschränken uns dort auf die Standpunkte der vier Bundesratsparteien, von drei Vertretern der Sozialpartner und von drei Forschungsanstalten.

Arbeitgeberinnen erscheinen in diesem Beitrag grundsätzlich immer in der weiblichen Form, während Arbeitnehmer durchwegs in der männlichen Form auftreten. Selbstverständlich ist bei beiden jeweils das andere Geschlecht mit gemeint. Diese Sprachform erleichtert einerseits das Verständnis, wenn man von "ihr" und von "ihm" spricht und erspart uns, diese ohnehin schon langen Worte stets in beiden Formen zu schreiben.

1. ARBEITSLOSIGKEIT BETRIFFT AUCH NICHTBETROFFENE

1.1 Was ist Arbeit?

In den folgenden Seiten verstehen wir unter "Arbeit" stets Erwerbsarbeit. Wir nennen einen Menschen dann arbeitslos, wenn er oder sie keine Arbeitgeberin findet, die ihn zum herrschenden Lohnsatz einstellen will. "Arbeit" ist hier also immer eine Tätigkeit, für die man einen materiellen Lohn erhält. Es soll damit allerdings nicht ausgedrückt werden, dass Nichterwerbsarbeit minderwertig ist oder nicht existiert. Es gibt neben der Erwerbsarbeit produktive Arbeit, die nicht (oder nicht unbedingt) direkt in Geldeinheiten abgegolten wird, wie beispielsweise Haushalts- oder Betreuungsarbeit[1].

1.2 Materielle Kosten

Zum ersten bedeutet Arbeitslosigkeit einmal materiellen Verlust. Produktive Arbeitskräfte bleiben ungenutzt, Löhne fallen damit aus und das Kapital ist nicht ausgelastet. Im Jahre 1992 bezahlte die Arbeitslosenversicherung allein für die Arbeitslosen und für die Kurzarbeitenden 2,8 Mia Franken an Leistungen aus. Dies entspricht Lohnausfällen von ca. 3,5 Mia Franken. Man kann jene beiden Werte als Eckpunkte einer groben Schätzung dafür betrachten, was der

---

[1]   Erwerbsarbeit und Nichterwerbsarbeit sind nicht unabhängig voneinander. So stellt die Kinderbetreuung einer Mutter oder eines Vaters immer auch einen teilweisen oder gänzlichen Verzicht auf Erwerbsarbeit dar. Für eine vertiefte Betrachtung siehe Schellenbauer und Merk (1994)

Gesellschaft entgeht, weil jene Arbeitswilligen untätig bleiben müssen. Die Arbeitslosenquote betrug damals im Jah-
resdurchschnitt 2,5%; im Januar 1994 waren es 5,2%. Hinzu
kommt, dass diese Mittel irgendwoher kommen müssen.
Werden sie erhoben – sei es durch Lohnprozente oder allgemeine Steuern – entstehen weitere volkswirtschaftlichen Kosten. In der Arbeitslosenversicherung fallen im weiteren
administrative Kosten an. Alle diese Kosten tragen wir gemeinsam, ob wir arbeitslos sind oder nicht.

Entwertung des Humankapitals
Zum blossen Lohnausfall hinzu kommt, dass sich das
Humankapital des Arbeitnehmers immer mehr entwertet, je
länger er oder sie arbeitslos ist[1]. Zum einen gehen die einmal erlernten Fähigkeiten vergessen und zum anderen ist
der oder die Arbeitslose von den ständigen Neuerungen,
die in der Arbeitswelt laufend erlernt werden, abgeschnit-
ten.

1.3 Arbeit ist mehr als Mühsal: humane Kosten

Aber mit diesen direkten materiellen Kosten erfasst man
nur einen kleinen Teil dessen, was Arbeitslosigkeit bei den
Individuen und der Gesellschaft anrichtet. Arbeit bedeutet
nicht nur Broterwerb, obwohl sie in der ökonomischen
Theorie gewöhnlich als solche analysiert wird. Auch diese
Studie bildet diesbezüglich keine Ausnahme: Arbeit ist in
vielen unserer theoretischen Überlegungen Broterwerb auf

---

1   Wir nennen Fähigkeiten und Wissen, die bei der Arbeit eingesetzt
     werden, deshalb "Humankapital", weil man, um sie zu erlernen,
     zuerst Mühsal, Zeit und Geld einsetzen muss, um erst später
     produktiver zu arbeiten. Im Grunde ist dies eine Investition, die
     dann später eine Rendite abwirft.

der einen Seite und Produktionsfaktor auf der anderen. Dies soll jedoch nicht darüber hinwegtäuschen, dass Arbeit mehr ist als Mühsal. Wir verbringen einen grossen Teil unseres wachen Lebens im Erwerbsleben. Damit wird die Arbeit ein integraler Teil unserer Identität. Fällt sie erzwungenermassen weg, so treten Verluste des Selbstwertgefühls und damit der psychischen Selbständigkeit auf. So werden Arbeitslose oft von einem Gefühl der Nutzlosigkeit befallen[1]. Dadurch, dass die automatischen Kontakte am Arbeitsplatz verloren gehen, kann die Arbeitslosigkeit im Extremfall zur sozialen Verarmung führen.

Arbeitslosigkeit macht krank
Arbeitslosigkeit wirkt sich nachweislich negativ auf die psychische Gesundheit aus. In einer kanadischen Studie konnte gezeigt werden, dass nicht nur selbst arbeitslos zu sein psychisch krank macht, sondern ebenso die Arbeitslosigkeit der anderen. Eine wachsende Arbeitslosenquote macht alle Erwerbstätigen krank, ob sie nun gerade selbst arbeitslos sind oder nicht[2]. In diesem Zusammenhang ist interessant, dass sich, gemäss einer Umfrage im Auftrag des Tages-Anzeigers, in der Schweiz drei Viertel der Befragten grosse oder sogar sehr grosse Sorgen über die Arbeitslosigkeit machen. In der gleichen Befragung schätzen 16% der Befragten ihre Stelle als ziemlich oder sehr unsicher ein. In der Westschweiz waren es sogar 26%[3]. Amerikanische Studien zeigen, dass Arbeitslosigkeit zu vermehrten Selbstmorden[4] zu mehr Herzinfarkten, zu Leberzirrhose und anderen Krankheiten und zu erhöhter Kriminalität (unter

---

1   Barwinski Fäh (1993)
2   Mayer et Roy (1991)
3   TA (30. 4. 1993)
4   Schapiro and Ahlburg (1982) und Bluestone and Harrison (1982)

anderem mehr Morden) führt[1]. Niemand kann sich diesen
Gefahren entziehen. Sie bedrohen alle, nicht nur die Arbeitslosen.

Wenn man über die humanen Kosten der Bekämpfung der
Arbeitslosigkeit nachdenkt, muss man sich ebenso über die
gravierenden und langfristig anfallenden Kosten bewusst
sein, die wir zu bezahlen haben, falls sich die Arbeitslosigkeit in der Schweiz verhärtet. Die Teilung der Gesellschaft in solche, die Arbeit haben und solche, die aus dem
Erwerbsleben ausgegrenzt sind, greift direkt den Kitt
unserer Gesellschaft an. Sie stellt eine der tiefsten Ungleich-
heiten und eine der grössten Gefahren moderner Gesell-
schaften überhaupt dar.

Es ist erstaunlich, dass in der Schweiz noch keine Studie
existiert, die versucht, die Kosten der Arbeitslosigkeit – ma-
terielle und immaterielle – zu beziffern. Zwar ist das in
einem Land, das bisher noch praktisch keine Arbeitslosigkeit gekannt hat, verständlich. Dennoch diskutieren wir
über die Kosten der Arbeitslosenversicherung ohne zu wissen, was uns die Arbeitslosigkeit – inklusive menschliches
Leid – in Franken und Rappen kostet. Es mag verständ-
licherweise die eine und den anderen abstossen, menschliches Leid in Geldeinheiten abzuschätzen, macht man es
jedoch nicht, so besteht die Gefahr, dass man es mit null
Franken bewertet oder gar dessen Existenz negiert.

---

1   Bluestone Barry and Harrison Bennet (1982)

2. AUF DEM WEG ZU EINER ZWEI-DRITTELS-GESELLSCHAFT?

Geht unserer Gesellschaft die Arbeit aus? Sind von ihr langfristig nur noch ein Drittel in einer sicheren Stellung tätig? Ein Blick über die Schweizer Grenze lässt – wie folgende Graphik zeigt – nichts Gutes erahnen, kämpfen doch die meisten europäischen Industrienationen schon lange mit dem Problem hoher und anhaltender Arbeitslosigkeit.

Graphik 1: Arbeitslosenraten in Zentral- und Westeuropa[1]

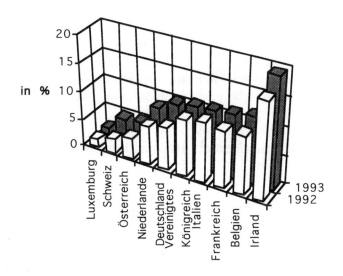

Quelle: OECD (1993).

---

[1] Die Zahlen für 1993 sind Schätzungen der OECD

Der Begriff "Zwei-Drittels-Gesellschaft" wurde von Soziologen und Soziologinnen geprägt. Gemeint ist damit ein Wandel der Gesellschaft durch die Produktionsverhältnisse. Nur noch eine gesellschaftliche Elite verfügt über sichere, geregelte Arbeitsverhältnisse. Die anderen werden zu Zudienenden und Gelegenheitsarbeitenden ohne Sicherheit, Bildung und soziales Prestige. Eine so weitreichende Fragestellung in einem Kapitel abzuhandeln, scheint uns zu ehrgeizig zu sein. Stattdessen werfen wir hier einschränkend die Fragen auf, ob die Arbeitslosigkeit – also ein Ausschluss aus dem Erwerbsleben für die Betroffenen – nun auch in der Schweiz ein immer schwereres Problem darstellen wird und ob sie sich im nächsten Aufschwung wieder zurückbilden wird oder nicht. Ebenso wollen wir der Frage nachgehen, ob die Arbeit im Vergleich zum Einsatz von Maschinen und Robotern tatsächlich am Ausgehen ist und, wenn ja, welche Art von Arbeit davon am härtesten betroffen wird.

2.1   Ist die Sockelarbeitslosigkeit im Steigen begriffen?

Was ist "Sockelarbeitslosigkeit"?
Unter Sockelarbeitslosigkeit verstehen wir jene Arbeitslosigkeit, die im Gleichgewicht des Arbeitsmarktes – wenn also beim bestehenden Lohnniveau und den gegebenen Rahmenbedingungen gleich viel Arbeit nachgefragt wie angeboten wird – bestehen bleibt. Wir nennen sie deshalb auch gleichgewichtige Arbeitslosigkeit. Der "Sockel" ist hier jener Anteil Arbeitsloser an den Erwerbstätigen, der im normalen Konjunkturverlauf nicht mehr abgebaut wird. Die Arbeitslosigkeit kann zeitweilig unter diesem Sockel liegen, wenn mehr offene Stellen vorhanden sind als Arbeitslose, wenn also bei einem gegebenen Lohn mehr Arbeit

nachgefragt als angeboten wird. Graphik 2 stellt stilisiert die "Treppe" dar, die entsteht, wenn sich der Sockel der Arbeitslosigkeit mit jeder Rezession erhöht.

Graphik 2: Sockelarbeitslosigkeit

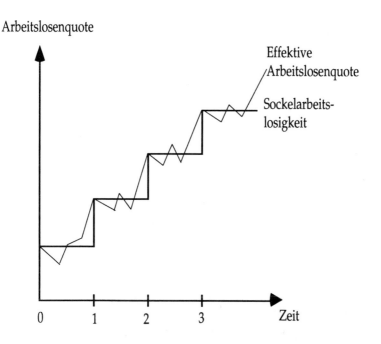

Ein solcher Sockel von Arbeitslosigkeit kann verschiedenartig begründet sein: Einerseits muss bei einem gegebenen Marktlohn für den richtigen Arbeitnehmer die richtige Stelle gefunden werden. Dazu müssen Arbeitgeberinnen und Arbeitnehmer Informationen beschaffen und nach der passenden Stelle bzw. nach dem passenden Arbeitnehmer suchen. Arbeitslosigkeit, die aus diesen Gründen besteht, nennt man *friktionelle* Arbeitslosigkeit.

Graphik 3: Der Arbeitsmarkt

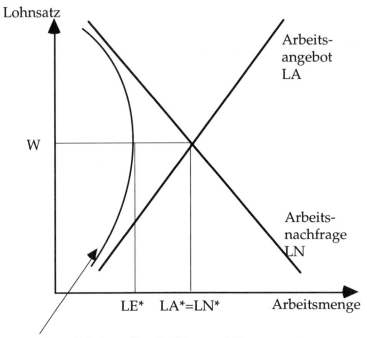

Kurve der effektiven Beschäftigung LE

LE*: Gleichgewichtige effektive Beschäftigung
LA*: Gleichgewichtiges Arbeitsangebot der Haushalte
LN*: Gleichgewichtige Arbeitsnachfrage der Unternehmen
W: Lohnsatz, wenn der Arbeitsmarkt im Gleichgewicht ist

Andererseits können auch gleichzeitig offene Stellen und
Arbeitslose auftreten, wenn die Stellenprofile und die Ei-
genschaften der Arbeitnehmer (Qualifikationen, Beruf,
Wohnort usw.) nicht zusammenpassen. Arbeitgeberinnen
sowie Arbeitnehmer wären zum gleichen Lohn bereit, ein
Arbeitsverhältnis einzugehen. Insgesamt gibt es gleich
viele, die bei einem gegebenen Lohn Arbeit nachfragen und

Arbeit anbieten, aber die Teilmärkte – für verschiedene Qualifikationen, Berufe, Wohnorte, usw. – sind nicht im Gleichgewicht. In diesem Fall spricht man von *struktureller* Arbeitslosigkeit.

Graphik 3 zeigt den Fall, wo beim Lohnsatz W der Arbeitsmarkt zwar im Gleichgewicht ist, das Arbeitsangebot also der Arbeitsnachfrage entspricht. Die Kurve der effektiven Beschäftigung LE ist jedoch immer links der Kurven des Arbeitsangebotes und der Arbeitsnachfrage. Der Unterschied zwischen der gleichgewichtigen effektiven Beschäftigung und dem Arbeitsangebot bzw. der Arbeitsnachfrage im Gleichgewicht entspricht der gleichgewichtigen Arbeitslosigkeit. Sie setzt sich, wie oben erwähnt, aus friktioneller und struktureller Arbeitslosigkeit zusammen.

Wenn mehr Menschen bei einem gegebenen Lohn nach Arbeit suchen, als offene Stellen vorhanden sind und der Arbeitsmarkt damit im Ungleichgewicht ist, herrscht *konjunkturelle* Arbeitslosigkeit.

Die Sockelarbeitslosigkeit wächst

In einer neuen Studie des Bundesamtes für Konjunkturfragen[1] kommt George Sheldon von der Forschungsstelle für Arbeitsmarkt und Industrieökonomik der Universität Basel zum Schluss, dass die Sockelarbeitslosigkeit zwar zunimmt, jedoch immer noch auf einem bescheidenen Niveau bleibt. In der folgenden Tabelle sind seine Resultate wiedergegeben. Die Ziffern hinter den Jahreszahlen geben dabei die Quartale an.

---

[1]   Sheldon (1993)

Tabelle 1: Sockelarbeitslosigkeit

	Sockelarbeitslosigkeit	Durchschnitt
1970.1-1974.4	0.01%	0.02%
1975.1-1975.4	0.16%	-
1976.1-1982.4	0.26%	0.28%
1983.1-1983.4	0.31%	-
1984.1-1990.4	0.41%	0.45%
1991.1-1992.4	0.53%	-

Quelle: Sheldon (1993)

Serge Gaillard, damals noch bei der Konjunkturforschungsstelle der ETH, erhielt jedoch für den Zeitraum zwischen
1968 bis 1988 mit einer Entwicklung der gleichgewichtigen
Arbeitslosenrate von 0.8% auf 2.7% eine dramatischere
Schätzung[1]. Ebenso schätzt Peter Stalder vom gleichen
Institut die gleichgewichtige Arbeitslosigkeit heute auf 2.5%
ein[2]. Am Institut Créa in Lausanne kam man für den Zeitraum von 1975 bis 1992 auf eine trendmässige Erhöhung
der Arbeitslosigkeit von jährlich 12%. Ein Beispiel: ist im
einen Jahr die Arbeitslosigkeit 1%, so ist sie im nächsten
1.12%[3]. Ohne Zweifel ist also die gleichgewichtige Arbeitslosigkeit am steigen. Uneins ist man sich lediglich über das
Ausmass dieser Sockelarbeitslosigkeit. Während gemäss
den Studien, die an der ETH erstellt wurden, tiefste Arbeitslosenraten der Vergangenheit angehören, lassen die Berechnungen von George Sheldon einen erneuten Abbau der
Arbeitslosigkeit auf unter 1% erhoffen.

---

[1]   Gaillard (1990), S. 40
[2]   Stalder (1993)
[3]   Régis , Lambelet , Tille (1993)

Eine neue Situation

Mit den heutigen Arbeitslosenzahlen befinden wir uns jedoch in einer grundlegend neuen Situation. In diesem Zusammenhang stellt sich die Frage, ob die Arbeitslosigkeit *von sich selbst* abhängig ist, das heisst, ob ein einmal erreichtes Niveau im nächsten Jahr wieder Arbeitslose hervorbringt. Gerade in den europäischen Ländern um uns herum liess sich feststellen, dass sich die Arbeitslosigkeit, einmal entstanden, nicht mehr zurückbildete. So stieg sie mit jeder Rezession treppenförmig eine Stufe höher[1]. In der Theorie gibt es hierfür eine Erklärung: Je länger ein Arbeitsloser nicht mehr im Erwerbsleben ist, desto mehr muss er sein "Humankapital" – sein Wissen in seinem Beruf also – abschreiben. Erstens vergisst man mit der Zeit, was man gelernt hat, und zweitens bleibt die Zeit währenddessen ja nicht stehen. Man kann also einfach den Anschluss verpassen. Dass eine lange Dauer der Arbeitslosigkeit entmutigend ist, wirkt sich in gleicher Weise auf die Vermittlungschancen aus. Zusätzlich und eigentlich aus dem gleichen Grund kann die Dauer der Arbeitslosigkeit von den Arbeitgeberinnen als ein Signal der Produktivität der Arbeitslosen aufgefasst werden. Im Stil von: "Wer schon so lange keinen Job findet, kann ja nicht gut sein." Eine weitere Erklärung, die eine solche Treppenform erklären kann, ist die Macht, die die Arbeitnehmer in einem Betrieb als "Insider" durch ihr betriebsspezifisches Wissen erhalten können. Sind sie organisiert, so können sie im Wiederaufschwung gegenüber Neueingestellten negativ eingestellt sein, sich also weigern, sie einzuarbeiten. Dabei können sie mit der Drohung der Kündigung höhere Löhne durchsetzen und gleichzeitig Neueinstellungen zu tieferen Löhnen verhindern. So bestehen die Erwerbswilligen aus "Insidern", die einen Job haben und "Outsidern", die eben dauerhaft

---

1   Blanchard and Summers (1986)

ausgegrenzt sind. Um abzuklären, ob auch die Schweiz auf
diese unheilvolle Treppe geraten ist, kann man untersuchen, ob es mit zunehmender Dauer der Arbeitslosigkeit
schwieriger wird, wieder einen Job zu finden. Ebenso kann
die Zusammensetzung der Arbeitslosen untersucht werden.
Wenn unter diesen die "Problemfälle" – jene Arbeitnehmer,
die schwierig zu vermitteln sind – stärker vertreten sind als
früher, so wird sich die heutige Arbeitslosigkeit nicht mehr
so leicht abbauen lassen. Die Untersuchungen, die zu dieser
Frage für die Schweiz existieren, stellen zwar fest, dass die
Jobsuche mit der Dauer der Arbeitslosigkeit schwieriger
wird, jedoch nicht so schwierig, dass wir auf die "europäische Treppe" gelangen. Zum "Insider-Outsider"-Ansatz lässt
sich für die Schweiz sagen, dass Lohnverhandlungen viel
zu dezentral geführt werden, als dass er relevant sein
könnte. Auch spricht die Entwicklung der Löhne – sie hink-
ten in der Vergangenheit eher hinter dem Produktivitätsfortschritt nach – gegen diese Hypothese. Unseres Wissens
konnte in der Schweiz keine Evidenz für diesen Ansatz
gefunden werden[1].

Die Gefahr der Langzeitarbeitslosigkeit
Die obigen Resultate sollten uns aber nicht in Sicherheit
wiegen. Wie oben erwähnt, waren die Vermittlungschancen
von Langzeitarbeitslosen vor der Rezession, wenn auch ge-
ringfügig, schlechter als diejenigen der Kurzzeitarbeits-
losen. Im Dezember 1993 war der Anteil der Langzeitarbeitslosen[2] an den Arbeitslosen insgesamt 22,5%, und er
wird noch weiter steigen. So errechnete Sheldon eine
Erhöhung des Anteils der Langzeitarbeitslosen auf 23.8%,
selbst wenn man davon ausgeht, dass die Vermittlungs-
wahrscheinlichkeiten und Arbeitslosenrisiken ab Dezember

---

[1]   Gaillard (1992), S. 17 - 19
[2]   Dauer der Arbeitslosigkeit länger als 1 Jahr

1992 gleich bleiben, was gewiss zu optimistisch ist[1]. Wir gehen mit Sheldon einig, dass eine solche Entwicklung besorgniserregend ist. Sinken nämlich die Vermittlungschancen der Langzeitarbeitslosen wieder auf das alte Niveau – und dies ist der Fall, wenn die Arbeitgeberinnen die Dauer der Arbeitslosigkeit nach der Rezession wieder als Zeichen der Produktivität der Arbeitssuchenden verstehen – kann sich die Arbeitslosigkeit verhärten.

3.2 Wirkungen des technischen Fortschrittes

Das Verhältnis unserer Gesellschaft zum technischen Fortschritt ist seit jeher gespalten. Während dieser unzweifelhaft unseren heutigen Reichtum schuf, gerät er immer wieder in den Verdacht, seine Früchte einseitig zu verteilen; die einen im Produktionsprozess zu benachteiligen, ja gar überflüssig zu machen. Wenn der Einsatz aller Produktionsfaktoren – Kapital, Arbeit verschiedener Qualifikation, Boden, usw. – gleichmässig produktiver würde, der gesamte Reichtum grösser würde, ohne dass der Anteil einer der Faktoren sänke, dann würde allgemeine Freude herrschen. Aber wird nicht der Nachbar ständig reicher, während ich an meinem Arbeitsplatz durch einen Mikrochip ersetzt werde? Muss ich am Ende froh sein, wenn ich ihm gelegentlich gegen Bezahlung einen seiner Wagen waschen darf?

Welche Arbeit wird eingespart?
Es geht hier um die Frage, welche der Inputs mit dem technischen Fortschritt eingespart werden und welche mit ihm mehr genutzt werden. Mehrere Studien in der alten Bundesrepublik Deutschland haben gezeigt, dass der technische Fortschritt in den letzten 30 Jahren dort tiefer qualifi-

---

1   Sheldon (1993), S. 115

zierte Arbeit eingespart hat. Ebenso konnte gezeigt werden,
dass Kapital – also Maschinen und Roboter und dergleichen
– gleichzeitig einen höheren Anteil höher qualifizierter
Arbeit nach sich zog[1]. Kapital und höher qualifizierte
Arbeit *ergänzen* sich also gegenseitig. Man nennt solche
Faktoren *Komplemente*. Kapital und tiefer qualifizierte Arbeit
hingegen *ersetzen* sich, und wir nennen sie deshalb
Substitute. In der Schweiz konnte in einer sehr ähnlichen
Studie gezeigt werden, dass der technische Fortschritt die
höher qualifizierten Angestellten und gelernten Arbeiter
und Arbeiterinnen zuungunsten der weniger qualifizierten
fördert[2]. Die Situation ist also bei uns ähnlich wie in unserem nördlichen Nachbarland. Diese Resultate geben bereits
einen Teil der Erklärung ab, warum tiefer qualifizierte
Arbeitskräfte stärker von der Arbeitslosigkeit betroffen sind
als höher qualifizierte. Einerseits ist das Risiko, arbeitslos zu
werden, für tiefer qualifizierte Arbeitnehmer höher.
Andererseits sind es gerade sie, die mit dem technischen
Fortschritt durch Kapital ersetzt werden. Zur Anschauung
kann man die Vorgänge in den Schweizer Banken beizie-
hen: Dadurch, dass an und für sich wenig interessante
Arbeit im verarbeitenden Bereich (z. B im Bereich Zah-
lungsverkehr) mehr und mehr mit Computern automatisch
ausgeführt wird, werden die wenig qualifizierten Arbeitskräfte, die sich bisher dieser Arbeit annahmen, eingespart.
Gleichzeitig werden aber qualifizierte Bankfachleute und
Spezialisten und Spezialistinnen weiterhin neu eingestellt[3].
Wenn man sich das oben gesagte im Konjunkturverlauf
überlegt, so sind es die weniger qualifizierten, die im Ab-
schwung als erste entlassen werden, im Aufschwung aber,

---

1   Kugler , Müller und Sheldon (1988), (1989), (1990)

2   Kugler und Spycher (1992)

3   NZZ Nr. 205 (4./5. 9. 1993): Entlassungen trotz hohen Bankgewin-
     nen? , S. 39

der immer von intensiver Erneuerung begleitet ist, sind es sie, die endgültig eingespart werden. Auch neueste Entwicklungen im Fertigungsbereich deuten darauf hin, dass dieser Trend wohl nicht abreissen wird. Eine dieser Fertigungstechniken nennt man "lean production". Diese neue Art von Fabrikarbeit führt uns wieder weg von der Massenproduktion, von Maschinen, die nur ein einziges Produkt fabrizieren können. Diese neuen Maschinen sind im Gegensatz zu früheren fähig, verschiedene Dinge herzustellen. Die Umstellung auf ein anderes Produkt erfolgt unmittelbar am Gerät mit Hilfe eines Mikrocomputers. Die Trennung des Fabrikarbeiters vom Ingenieur, der sich für die automatische Herstellung jedes Kleinods einen neuen Apparat ausdenken musste, fällt auf diese Weise immer mehr weg[1]. Der gleiche Arbeitnehmer, der sich für die Arbeit früher lediglich in die Hände zu spucken brauchte, muss immer mehr auch den Helm ausziehen, um nachzudenken, wie nun der Roboter programmiert werden muss. Dafür braucht es wiederum qualifiziertere Arbeitnehmer und die Ungelernten haben immer mehr das Nachsehen. Ebenso braucht diese Art der Fertigung ausserordentlich flexible Arbeitskräfte, die sich rasch in neue Produkte einarbeiten können.

Betriebsspezifisches Wissen
Im weiteren ist zu vermuten, dass das betriebsspezifische Wissen, das Arbeitende bei dieser Fertigungsweise brauchen, immer grösser wird, da jeder Betrieb wieder auf eine etwas andere Weise produziert. Damit wird der Aufwand, einen neuen Arbeitnehmer einzuarbeiten, im Vergleich zu früher grösser. Dieser Umstand zieht verschiedene Konsequenzen nach sich: Die Fluktuation von Arbeitnehmern mit viel betriebsspezifischem Wissen ist im Vergleich zu Arbeitskräften mit wenig solchem Wissen kleiner.

---

1   Siehe Osterloh (1993)

Der Grund dafür ist, dass der Erwerb dieses, wie wir sagen, spezifischen "Humankapitals" aufwendig ist und dass dieses an einer anderen Stelle weniger wert ist. So braucht es einiges, bis eine Arbeitgeberin jemanden entlässt, den sie früher mühevoll eingearbeitet und mit teurem Geld ausgebildet hat, und der Arbeitnehmer kann das Gelernte in keiner anderen Stelle direkt anwenden. Zwar sinkt so die Wahrscheinlichkeit, arbeitslos zu *werden*. *Ist* man es aber einmal, so hat man dadurch auch mehr Schwierigkeiten, wieder eingestellt zu werden. Die neue Chefin muss sich dann nämlich auch wieder alle ihre Mühe geben, um einen in die Geheimnisse *ihres* Betriebes einzuweihen, derweil sich an *ihrer* Arbeitsstation die Arbeit anstaut.

Die Reaktion der Arbeitnehmer
Wenn weniger qualifizierte Arbeit immer mehr eingespart wird, heisst dies noch nicht, dass die Unqualifizierten arbeitslos werden. Vielmehr ist dann entscheidend, wie die Arbeitnehmer auf diese Veränderung der Arbeitsnachfrage reagieren und reagieren können. Wenn sich Qualifikationen immer mehr lohnen, werden auch mehr Arbeitnehmer in Bildung und Weiterbildung investieren – wenn sie können. Damit ist das Bildungssystem angesprochen. Die Resultate über den technischen Fortschritt und die wachsende Sockelarbeitslosigkeit deuten darauf hin, dass es vor allem langfristig immer wichtiger sein wird, wie gut die Bildungs- und Weiterbildungsmöglichkeiten in der Schweiz sein bzw. bleiben werden. Sie sind ein Hinweis auf die Gefahren kurzsichtiger Sparübungen der öffentlichen Haushalte am falschen Ort. Wir werden im Schlusskapitel näher auf diese Problematik eingehen.

3. ARBEITSZEITVERKÜRZUNG WIEDER IM BRENNPUNKT

3.1 Motivationen für Arbeitszeitverkürzung

Die politische und wissenschaftliche Diskussion um die Verkürzung der Arbeitszeit hat in den letzten zwei Jahrzehnten eine auffallende Wende erfahren. Bis zur grossen Rezession von 1975 war die Forderung nach kürzeren Arbeitszeiten von sozialpolitischen Argumenten dominiert. Die Vollbeschäftigung war bis dahin in fast ganz Europa eine kaum hinterfragte Selbstverständlichkeit. Befürworter der Arbeitszeitverkürzung brachten vor allem bildungs- und familienpolitische Argumente ins Spiel.

Kürzere Arbeitszeiten als effiziente Sozialpolitik
Die Entwicklung der Humankapitaltheorie in den sechziger Jahren hatte klar gezeigt, dass ein bedeutender Teil der ökonomischen (und damit auch sozialen) Ungleichheit seine Wurzeln in der ungleichen Bildung der Leute hat. Die Bildung (als Akkumulation von Humankapital) trägt seine Früchte in Form höherer Einkommen und kann so zu mehr Gleichheit der Lebenseinkommen beitragen. Ständige Weiterbildung erhöht zudem die berufliche Mobilität – indem sich Leute einfacher an die sich schnell wandelnde Arbeitsnachfrage anpassen können – und senkt so das Risiko, durch den wirtschaftlichen Strukturwandel den Job zu verlieren. Vor allem dieser zweite Aspekt hat einen engen Zusammenhang mit der Arbeitszeitverkürzung, kann doch diese die Möglichkeiten zur Weiterbildung in Form von Bildungsurlauben oder arbeitsfreien Werktagen wesentlich erweitern. Arbeitszeitverkürzung kann also als eine effiziente Form der Sozialpolitik verstanden werden, indem sie bei der Angleichung der Primäreinkommen ansetzt und ver-

hindert, dass die Umverteilunghaushalte zu einem späteren Zeitpunkt noch mehr strapaziert werden müssen.

Arbeitszeiten und Familienpolitik
Die familienpolitische Dimension spiegelt sich sehr schön im Slogan "Am Samstag gehört Vati uns", welcher in Deutschland in den fünfziger Jahren in aller Munde war. Auch in der Schweiz vollzog sich der Übergang von der Sechs- zur Fünftagewoche im grossen und ganzen bis 1960. Familienpolitik von damals kratzte indessen die tradierten Geschlechterrollen noch kaum an, war also keineswegs gleichzusetzen mit Gleichstellungspolitik. Familienpolitisch motivierte Forderungen nach Arbeitszeitverkürzung haben heutzutage zwei Ziele vor Augen: Einerseits soll - im Sinne eines Minimalstandards - den Männern durch kürzere tägliche Arbeitszeiten ermöglicht werden, einen regelmässigen sozialen Kontakt mit ihren Kindern aufzubauen. Weitergehend und wesentlich konsequenter ist natürlich die Forderung nach mehr Teilzeitstellen und Jobsharing, was eine partnerschaftlichere Aufteilung von Haushalts-, Betreuungs- und Erwerbsarbeit ermöglichen würde. Dies setzt selbstredend voraus, dass die Frauen von der alleinigen Verantwortung für den Haushalt und die Kindererziehung entlastet werden. Trotz einer Flut von Lippenbekenntnissen sind wir hiervon wohl noch weit entfernt. Teilzeitarbeit ist bei Männern immer noch klar die Ausnahme und nicht die Regel, wie die weiter hinten stehende Graphik 9 eindrücklich zeigt.

Arbeitszeitverkürzung als Beschäftigungspolitik
Obwohl sozialpolitische Argumente nach wie vor von Belang sind, hat sich der Schwerpunkt der Diskussion in der Schweiz eindeutig zur Beschäftigungspolitik hin verschoben. Angesichts der immer neuen Hiobsbotschaften aus den Arbeitsämtern erstaunt dies niemanden. In der BRD – wo

man schon länger mit einem Heer von Arbeitslosen konfrontiert ist – entstand schon in den achtziger Jahren eine Fülle von Literatur und empirischen Studien zu diesem Thema. Da die Vollbeschäftigung in der Schweiz länger anhielt, sind Arbeiten über die Beschäftigungswirkungen von Arbeitszeitverkürzungen bei uns sehr dünn gesät. Empirische Studien fehlen vollständig.

3.2 Begriffe

Formen der Arbeitszeitverkürzung
Zum besseren Verständnis der nachfolgenden Diskussion wollen wir die wichtigsten Begriffe erläutern.
Unter dem Begriff Arbeitszeitverkürzung wird gemeinhin eine Verringerung der Wochenarbeitszeit verstanden. Es sind jedoch unzählige Varianten denkbar. Im folgenden werden die wichtigsten aufgezählt:

* Reduktion der täglichen Arbeitszeit
  Die Reduktion der Wochenarbeitszeit wird hier gleichmässig auf die einzelnen Wochentage umgelegt.
* Reduktion der wöchentlichen Arbeitszeit
  Die Verringerung der wöchentlichen Arbeitszeit kann hier auf viele Arten durchgeführt werden, zum Beispiel durch einen arbeitsfreien Werktag oder zwei freie Nachmittage.
* Reduktion der jährlichen Arbeitszeit
  Hier denken wir vor allem an eine Verlängerung der Ferien. Vorstellbar sind aber auch regelmässige persönliche Weiterbildung oder Elternurlaub.
* Reduktion der Lebensarbeitszeit
  Wichtig ist hier die Herabsetzung des Rentenalters; wiederum zu nennen ist auch die Weiterbildung in Form von längeren Ausbildungsurlauben sowie der Elternurlaub. Möglich wäre auch ein späterer Eintritt ins Er-

werbsleben durch Verlängerung der Schulpflicht. Auch unbezahlte Ferien sind hierunter zu subsumieren.

Generelle Arbeitszeitverkürzungen betreffen alle Arbeitgeberinnen und Arbeitnehmer einer Volkswirtschaft gleichermassen. Solches bezweckten die 44-Stunden-Initiative des LdU (1958) und die 40-Stunden-Initiative der POCH (1976), welche vom Souverän beide abgelehnt wurden. Individuelle Arbeitszeitverkürzungen nehmen hingegen auf die Eigenheiten von Branchen und Regionen und einzelnen Betrieben Rücksicht. Sie lassen auch die spezifische Behandlung von verschiedenen Arbeitnehmergruppen (z.B. Altersklassen, Berufe) und sogar einzelnen Arbeitnehmern zu.

Teilzeitarbeit
Obwohl sehr ähnlich in der Wirkung muss der Begriff der Teilzeitarbeit klar von der Arbeitszeitverkürzung unterschieden werden. Teilzeitarbeit umfasst ein regelmässiges Arbeitsverhältnis, das weniger als die betriebsübliche Arbeitszeit vorsieht. Die verkürzte Arbeitszeit beruht auf einem freiwilligen Übereinkommen zwischen Arbeitnehmer und Arbeitgeberin, wobei der Lohnausgleich ausgeschlossen ist. Dies bedeutet, dass der Lohn proportional oder überproportional zur Arbeitszeit gekürzt wird[1]. Obwohl die Sozialpartner und der Gesetzgeber Teilzeitarbeit mit geeigneten Arrangements gezielt fördern können, fällt die konkrete Entscheidung für einen Teilzeitvertrag nicht direkt in die Kompetenz dieser Institutionen. Die Entscheidung über Teilzeitarbeit hat somit individuellen Charakter.

---

[1] Ermisch und Wright präsentieren theoretische Erklärungen (S. 113 – 115) und empirische Evidenz (S. 115 - 125) dafür, dass Teilzeitarbeitende in aller Regel eine empfindliche Lohneinbussen im Vergleich zu Vollzeitarbeit hinnehmen müssen.

Jobsharing

Jobsharing betrachten wir als eine Spezialform von Teilzeitarbeit. Das Spezielle besteht darin, dass hier nicht nur die Zeit, sondern eine ganze Stelle mit ihren Aufgaben und Kompetenzen aufgeteilt wird. Die Verantwortung für die Erledigung der Aufgaben wird von den Beteiligten (in der Regel zwei) gemeinsam getragen. Jobsharing erfordert darum ein besonders hohes Mass an Informationsaustausch. Daraus wird klar, dass diese Form im Vergleich zu Vollzeitarbeit zusätzliche Kosten verursacht.

Die Gestaltung der Arbeitszeit kann auf viele weitere Arten erfolgen, auf die wir hier nicht eingehen können. Eine ausgezeichnete und detaillierte Zusammenstellung der verschiedenen Arbeitszeitformen findet sich in Baillod 1989 (Handbuch Arbeitzeit).

Der Lohnausgleich

Ein wesentliches Kriterium bei der ökonomischen Wirkungsanalyse der Arbeitszeitverkürzung ist der Lohnausgleich. Von Lohnausgleich spricht man in der Regel dann, wenn die Arbeitnehmer trotz einer Arbeitszeitverkürzung ihren materiellen Besitzstand wahren können; dies heisst konkret, dass die Stundenlöhne um den Prozentsatz der Arbeitszeitverkürzung steigen müssen. Wird kein Lohnausgleich vorgenommen, so bedeutet dies, dass die Monatslöhne sinken, da eine kleinere Anzahl Stunden mit einem konstanten Stundenlohn multipliziert wird.

In der Praxis ist es oft schwierig festzustellen, ob eine Arbeitszeitverkürzung mit oder ohne Lohnausgleich erfolgte. Das hängt damit zusammen, dass die Sozialpartner meist gleichzeitig über Reallohnerhöhungen und Arbeitszeitverkürzungen verhandeln. Dabei können die Produktivitätssteigerungen ganz oder teilweise in Form von Arbeitszeitverkürzungen an die Arbeitnehmer weitergege-

ben werden und nicht via Reallohnerhöhungen. Ein solches
Paket kann dann den Anschein erwecken, es hätte ein Lohnausgleich stattgefunden; tatsächlich haben die Arbeitnehmer aber auf die produktivitätsbedingte Lohnerhöhung ver-
zichtet, um den Verlust durch die verkürzte Arbeitszeit aus-
zugleichen.

3.3   Arbeitszeiten in der Schweiz

Starke Differenzierung der Arbeitszeiten
Es erstaunt wohl niemanden, dass die Arbeitszeiten in der
Schweiz mit einem sehr hohen Grad an Differenzierung
festgelegt werden. So waren 1992 1'146 verschiedene Gesamtarbeitsverträge (GAV) in Kraft, denen rund 1,4 Mio.
Arbeitnehmerinnen und Arbeitnehmer unterstanden: dies
ist gut die Hälfte aller unselbständig Erwerbenden in der
Privatwirtschaft der Schweiz[1]. Neben den Fragen der Lohn-
festlegung gehören Arbeitszeiten zu den wichtigsten Inhal-
ten der GAV. Aus diesen Zahlen geht andererseits hervor,
dass die andere Hälfte der Arbeitsverhältnisse individuell
geregelt sind. Die Gestaltung der Arbeitszeiten hat für diese
Erwerbstätigen nur die Bestimmungen des Gesetzgebers zu
erfüllen.

Gesetzliche Bestimmungen über die Arbeitszeit
Die bezüglich der Arbeitszeit wichtigen Paragraphen finden
sich im Schweizerischen Obligationenrecht, im Bundesge-
setz über die Arbeit in Industrie, Handel und Gewerbe
(ArG) von 1964 sowie in der zugehörigen Verordnung 1
(ArGV).
Das Arbeitsgesetz setzt in Artikel 9 Abs. 1 lit. a die
Höchstarbeitszeit für Arbeitnehmer in industriellen Betrie-

---

[1]   Siehe Bauer (1993), S. 40

ben (mit mehr als 6 Angestellten), für das Büropersonal, technische und andere Angestellte sowie das Verkaufspersonal bei 45 Stunden fest. Für das Gewerbe sowie den übrigen Dienstleistungsbereich gilt eine Höchstarbeitszeit von 50 Stunden. Gewisse Branchen (so z.B. das Gastgewerbe) kennen noch höhere Grenzen. Die gesetzlichen Höchstarbeitszeiten dürfen nur ausnahmsweise überschritten werden. Man spricht dann von Überzeitarbeit. Sie darf nach Art. 12 des Arbeitsgesetzes an normalen Arbeitstagen höchstens 2 Stunden betragen und pro Jahr 260 Stunden (220 Stunden für Gewerbe und Dienstleistungen) nicht übersteigen. Die Arbeitgeberin darf von sich aus pro Jahr 90 Stunden (60 Stunden für Gewerbe und Dienstleistungen) Überzeit arbeiten lassen; was darüber hinaus geht bedarf einer Bewilligung durch die kantonalen Arbeitsinspektorate.

Das schweizerische Obligationenrecht bestimmt in Art. 321c, dass Überstunden entweder zu kompensieren sind oder mit einem Stundenlohn entlöhnt werden müssen, der mindestens 25% über dem Normallohn liegt. Unter Überstunden versteht der Gesetzgeber jene Arbeitszeit, die über die betriebsübliche Arbeitszeit hinausgeht. Unter der betriebsüblichen Arbeitszeit verstehen wir jene Zeit, die mittels Normal- oder Gesamtarbeitsvertrag festgelegt, individuell verabredet oder bei deren Überschreiten Lohnzuschläge zu zahlen sind[1]. Im Gegensatz zur *effektiven* Arbeitszeit unterliegt die betriebsübliche Arbeitszeit keinen kurzfristigen Schwankungen.

Art. 329 OR legt fest, dass pro Woche in der Regel ein arbeitsfreier Tag gewährt werden muss. Gemäss Art. 329a OR beträgt die Mindestferiendauer 4 Wochen pro Jahr (5 Wo-

---

[1] Für die exakte Definition des internationalen Arbeitsamtes siehe Clottu (1989).

chen für Arbeitnehmerinnen und Arbeitnehmer unter 20 Jahren).

Graphik 4: **Betriebsübliche Arbeitszeit in der Schweiz und deren jährliche prozentuale Veränderung von 1984 bis 1993**

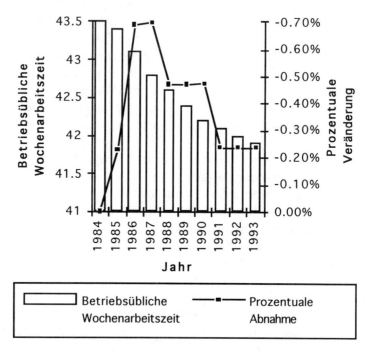

Quelle: Die Volkswirtschaft 8/93, Wert für 1993 ist geschätzt.

Die obige Graphik 4 zeigt die Entwicklung der *betriebsüblichen* Arbeitszeit in der Schweiz in den letzten Jahren. Von 1984 bis 1993 sank sie von 43.5 auf knapp 42 Stunden; dies entspricht einer Verringerung um insgesamt gut 3,5%. Die *effektive* Arbeitszeit (also die betriebsübliche Arbeitszeit inklusive Überstunden, Überzeit, Kurzarbeit usw.) hat in der Periode 1973 - 1988 pro Jahr im Durchschnitt um 0.42% abgenommen. Leider ist seit 1988 keine representative Statistik der effektiven Arbeitszeiten in der Schweiz mehr verfügbar. Gerade diese Angaben könnten uns heute wichtige Aufschlüsse über die Funktionsweise des Arbeitsmarktes in Rezessionsphasen geben.

Arbeitszeiten im internationalen Vergleich
Im internationalen Vergleich wird in der Schweiz lange gearbeitet, so lang sogar, dass es uns zum Europameistertitel reicht. Zur untenstehenden Graphik 5 muss bemerkt werden, dass wir den Wert für die Schweiz nicht aus der Quelle entnommen, sondern neu berechnet haben. Dies darum, weil der in der Quellenstudie zugrundegelegte Wert der betriebsüblichen Arbeitszeit von 40,8 Wochenstunden wesentlich tiefer liegt als der vom BIGA errechnete Wert von 41,6 Stunden[1]. Die europäische Spitzenposition erklärt sich aber nicht nur aus der vergleichsweise langen Wochenarbeitszeit, sondern auch durch die relativ kurzen Ferien und wenigen Feiertage. Bemerkenswert ist, dass die Japaner nochmals 240 Stunden länger arbeiten als die Arbeitnehmer in der Schweiz und Europa.

---

[1]   Die Volkswirtschaft 10/93, Aktuelle Wirtschaftsdaten, S. 14, Tabelle B3.1

Graphik 5: Durchschnittliche Jahresarbeitszeiten in Stunden im Jahr 1990, Industriesektor

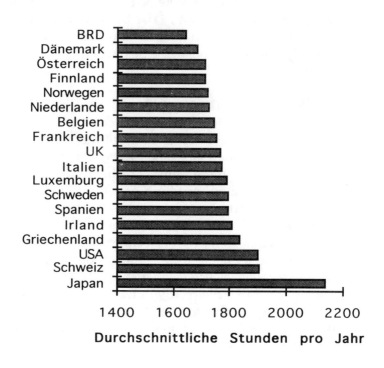

Quelle: Neifer-Dichmann (1991), S. 512, eigene Berechnungen

Rückblick auf die Rezessionen von 1974/76 und 1981/84
Die Arbeit als Produktionsfaktor hat zwei Dimensionen: die Anzahl der Erwerbstätigen und deren durchschnittliche Arbeitszeit. Aus der Multiplikation dieser beiden Variablen erhält man das Arbeitsvolumen, welches die insgesamt geleisteten Arbeitsstunden pro Zeiteinheit angibt. Grundsätzlich können konjunkturelle Schwächephasen mit der damit verbundenen reduzierten Nachfrage nach Arbeit entweder durch eine Verminderung der Erwerbstätigen oder durch kürzere Arbeitszeiten ausgeglichen werden. Auf welche

Weise sich dieser Ausgleich jeweils vollzog, war Gegenstand einer international vergleichenden Untersuchung[1] für den Zeitraum 1970 - 1983. Es zeigte sich, dass die USA und Japan als Extremfälle betrachtet werden müssen. Während in den USA praktisch der gesamte Rückgang des Arbeitsvolumens durch eine Verminderung der Erwerbstätigen aufgefangen wurde (sprich: Entlassungen), hielten die japanischen Arbeitgeberinnen ihrer Belegschaft die Treue, indem sie die Arbeitszeiten senkten. Zwischen diesen Extremen befanden sich der Reihe nach das Vereinigte Königreich, Frankreich und die BRD, wobei das erstere näher bei den USA, die letztere näher bei Japan liegt.

Was geschah in der Schweiz? Zur Beantwortung dieser Frage haben wir die Quartalsdaten der effektiven Arbeitszeit (also inklusive Überstunden, Überzeitarbeit und Kurzarbeit), der Erwerbstätigen und des Arbeitsvolumens jeweils um einen (exponentiellen) Trend sowie die regelmässigen Saisonausschläge bereinigt. Damit wurde die konjunkturelle Komponente zusammen mit den zufälligen Einflüssen isoliert.

Es zeigt sich nun, dass das Schrumpfen des Arbeitsvolumens in der Rezession 74/76 praktisch ausschliesslich mit der Abnahme der Erwerbstätigen ausgeglichen wurde, während die Arbeitszeiten sehr stabil waren (Tabelle 2a). So nahm das Arbeitsvolumen im ersten Quartal 1975 konjunkturell bedingt um 1,55% ab; da die Arbeitszeit sogar noch minim zunahm (+0,07%), musste die Beschäftigung um 1,61% abgebaut werden. Auch die nächsten drei Quartale ergeben dieses Bild. Bekanntlich führte dieser massive Beschäftigungsabbau nicht zu einer gleich dramatischen Zunahme der Arbeitslosigkeit, da ausländische Arbeitskräfte in grossem Stil nach Hause geschickt wurden (oder keine neuen Saison- und Jahresaufenthaltsbewilligungen

---

1   Hart, S. 16

mehr erhielten) und viele Frauen an den "heimischen Herd"
zurückkehrten, ohne sich arbeitslos zu melden. Inländische
Männer blieben von Entlassungen weitgehend verschont, so
dass kaum ein Druck auf die Arbeitszeiten entstehen
konnte.

Tabelle 2a: Quartalsweise prozententuale Veränderungen der
              Arbeitszeit, der Erwerbstätigen und des
              Arbeitsvolumens während der Rezession 74/76,
              saison- und trendbereinigt

Rezession 74/76			
Quartal	Arbeitszeit	Erwerbstätige	Arbeits-volumen
74.1	0.29%	0.14%	0.44%
74.2	-0.16%	0.31%	0.16%
74.3	-0.11%	-0.78%	-0.90%
74.4	-0.05%	-0.78%	-0.84%
75.1	0.07%	-1.61%	-1.55%
75.2	-0.38%	-2.69%	-3.05%
75.3	0.11%	-2.12%	-1.99%
75.4	-0.28%	-1.18%	-1.47%
76.1	0.29%	-0.34%	-0.06%
76.2	0.09%	-0.72%	-0.63%
76.3	0.10%	-0.10%	0.00%
76.4	0.18%	0.02%	0.20%

Gewisse Anzeichen zu einer Besserung tauchen in der Rezession 81/84 auf (Tabelle 2b). Während der Rückgang der
Arbeitsnachfrage im ersten Quartal 1982 noch auschliesslich
über Stellenabbau bewerkstelligt wurde, trugen Arbeitszeitverkürzungen (-0,64%) ein Jahr später (erstes Quartal 1983)
mehr als die Hälfte zum Rückgang des Arbeitsvolumens
(-1,15%) bei. Ähnliches lässt sich für das erste Quartal 84 sagen. Allerdings kann man diese zweite Rezession nur

schwer mit dem Einbruch von 74/76 verlgeichen, verlief sie doch vergleichsweise mild.

Tabelle 2b: Quartalsweise prozententuale Veränderungen der Arbeitszeit, der Erwerbstätigen und des Arbeitsvolumens während der Rezessionsphasen, saison- und trendbereinigt

	Rezession 81/84		
Quartal	Arbeitszeit	Erwerbstätige	Arbeits-volumen
81.1	0.28%	1.01%	1.30%
81.2	0.09%	0.45%	0.54%
81.3	-0.11%	0.54%	0.43%
81.4	0.16%	-0.19%	-0.03%
82.1	0.06%	-0.51%	-0.45%
82.2	-0.14%	0.19%	0.06%
82.3	0.12%	-0.24%	-0.13%
82.4	-0.08%	-0.01%	-0.07%
83.1	-0.64%	-0.49%	-1.15%
83.2	0.12%	-0.21%	-0.10%
83.3	-0.12%	0.23%	0.12%
83.4	0.16%	0.15%	0.29%
84.1	-0.20%	-0.34%	-0.52%
84.2	0.12%	0.19%	0.30%
84.3	0.12%	0.33%	0.44%
84.4	-0.09%	0.63%	0.57%

Quelle:Bundesamt für Statistik, BIGA, eigene Berechnungen

Wo steht die Flexibilität (oder Rigidität) unserer Arbeitszeiten nun im internationalen Vergleich? Obwohl internationale Gegenüberstellungen meistens mit gravierenden Problemen behaftet sind, können wir der Versuchung nicht widerstehen, unsere Ergebnisse international einzuordnen. Zu diesem Zweck definieren wir die Trendabweichungen in

den Spalten "Arbeitsvolumen" in Tabelle 3 nun als 100%
und fragen uns, wieviel hiervon durch Stellenabbau resp.
durch kürzere Arbeitszeiten ausgeglichen wurden. Als
Stichjahre wurden 1975 und 1983 ausgewählt, verglichen
wird mit Japan und den USA[1]. Die nachstehende Tabelle
zeigt, dass die Krise in der Schweiz anteilsmässig noch ausgeprägter mittels Stellenabbau bewältigt wurde als in den
USA[2]. Weit besser präsentiert sich das Bild für 1983. Immerhin 60% des Einbruchs wurden hier durch kürzere Arbeitszeiten augeglichen; die Schweiz befand sich damit auf
gleicher Höhe wie Japan, während in den USA nach wie vor
die "hire-and-fire"-Methode vorherrschte. Vertiefte Untersuchungen sollten nun versuchen, die Gründe für dieses
Aufholen zu eruieren; als möglichen Ansatzpunkt sehen
wir die Einführung des Versicherungsobligatoriums gegen
Arbeitslosigkeit im April 1977[3]. Dieses machte Kurzarbeit
für viele Firmen attraktiv und konnte so möglicherweise
Entlassungen verhindern[4].

---

[1]   Unsere Quartalsdaten wurden zu diesem Zweck auf Jahresbasis
       hochgerechnet.
[2]   Allerdings dürfte in der Schweiz in weit stärkerem Masse ein
       struktureller Beschäftigungsabbau erfolgt sein, da sich in unserem
       Land in den sechziger Jahren - nicht zuletzt durch eine verfehlte
       Ausländerpolitik - massive Strukturdefizite aufgebaut hatten.
       Strukturdefizite lassen sich natürlich nicht mit vorübergehenden
       Arbeitszeitverkürzungen beheben.
[3]   Sheldon (1986), S. 100ff
[4]   Hinweise für die Hypothese fanden Frick et al. (1989),S. 97

Tabelle 3: Verteilung der Abnahme des Arbeitsvolumens in zwei Rezessionsjahren: Vergleich Schweiz, USA, Japan

	Schweiz			USA		
	Arbeits-volumen	Arbeits-zeit	Erwerbs-tätige	Arbeits-volumen	Arbeits-zeit	Erwerbs-tätige
1975	100%	6%	94%	100%	16.4%	83.6%
1983	100%	60%	40%	100%	28.5%	71.5%
	Japan					
	Arbeits-volumen	Arbeits-zeit	Erwerbs-tätige			
1975	100%	76%	24%			
1983	100%	57%	43%			

Quelle: Hart, S. 16, eigene Berechnungen

Sehr spannend wäre es nun zu wissen, auf welche Weise die gegenwärtige Krise bewältigt wird. Bedauerlicherweise ist die Statistik der effektiven Arbeitszeiten nur bis 1988 verfügbar, so dass wir unsere Analyse nicht bis in die Gegenwart weiterführen können. Gewisse – wenn auch nur vage – Anhaltspunkte kann uns aber die Statistik der Über-zeitbewilligungen der Arbeitsinspektorate geben. In Graphik 6 ist zu sehen, dass sich die bewilligte Überzeit von 1,7 Millionen (1987) auf rund 0,6 Millionen (1993) Stunden zu-rückgebildet hat. Das kann ein Hinweis darauf sein, dass die durchschnittlichen effektiven Arbeitszeiten in der heu-tigen Krise zumindest nicht ansteigen.

Graphik 6: Entwicklung der von Arbeitsinspektoraten bewilligten Überzeitarbeit in Stunden, 3. Quartal 1987 bis 4. Quartal 1992, gleitender Durchschnitt

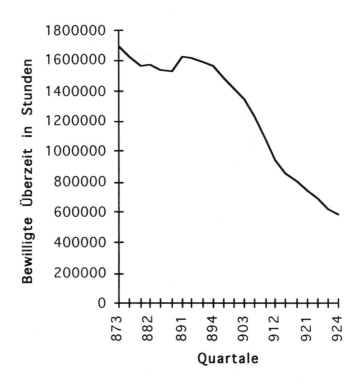

Quelle: Bundesamt für Industrie, Gewerbe und Arbeït, nicht publiziert.
Die Zahlen ab 1. Quartal 93 sind nicht mehr verfügbar.

Ein anderer Gesichtspunkt gibt allerdings zu grosser Sorge Anlass: Auf dem Höhepunkt der vorletzten Rezession – d.h. den Jahren 1975 und 1976 – brach das Bruttosozialprodukt real um insgesamt 9% ein, es handelte sich also um einen veritablen Sturzflug der Schweizer Wirtschaft. Die Beschäftigung nahm ungefähr gleich stark ab, nämlich um 9,5%

oder rund 300'000 Stellen. Der gerade hinter uns liegende Rückgang nimmt sich dem gegenüber sehr bescheiden aus: In den Jahren 1992 und 1993 zusammen hat das reale Bruttosozialprodukt lediglich um 1,3% abgenommen. Die enormen Folgen kennen wir: Die Beschäftigung ging in der gleichen Zeit um fast 5,5% oder 190'000 Stellen zurück[1].

Die Reaktion der Arbeitgeberinnen ist diesmal ungleich heftiger als Mitte der Siebziger Jahre. Wäre heute im gleichen Ausmass gehortet worden wie damals, wäre lediglich eine Beschäftigungsabnahme von etwa 1,5% oder gut 50'000 Stellen zu erwarten gewesen. Schnelle Entlassungen sind also mehr denn je in Mode!

3.4 Die Nachfrageseite: Wie reagieren die Arbeitgeberinnen?

Wir sind hier beim wohl wichtigsten Abschnitt dieses Berichtes angelangt. Die zu beantwortende Grundfrage stellt sich folgendermassen: Kann eine generelle Arbeitszeitverkürzung in ein Mehr an Beschäftigten umgemünzt werden? Wenn ja, wie stark wird sich dieser Beschäftigungseffekt niederschlagen, wenn nein, woran liegt dies und welche ergänzenden Massnahmen könnten ergriffen werden, um den gewünschten Effekt zu erzielen. In der öffentlichen Auseinandersetzung sind sehr simplizistische Argumente anzutreffen. So hört man etwa, dass bei einer Arbeitszeitverkürzung von beispielsweise 10% die Unternehmen 10% mehr Leute einstellen müssten, um die gleiche Produktion aufrechterhalten zu können. Diese Rechnung

---

[1]   Bei den Zahlen für 1993 handelt es sich um Schätzungen der Konjunkturforschungsstelle der ETH. S. Halbjahresbericht Herbst 1993, Tabelle 6a) und f)

impliziert also eine Beschäftigungswirkung von 100%. Genau so vereinfachend ist anderseits das Argument, nur eine Verlängerung der Arbeitszeit (bei gleichem Lohn) könne neue Jobs schaffen, indem die Unternehmen ihre erhöhten Gewinne automatisch in neue Anlagen investierten und so eine Mehrnachfrage nach Arbeit entstünde. Eine nüchterne Analyse im Lichte der ökonomischen Theorie tut darum not.

Absolut zentral in der Analyse der Beschäftigungswirkungen von Arbeitszeitverkürzungen ist die Frage, auf welche Weise die Unternehmen auf eine ihnen von aussen auferlegte Verkürzung der Arbeitszeit reagieren werden. Grundsätzlich stehen ihnen viele Möglichkeiten offen. Um eine gewisse Übersicht zu behalten, wollen wir uns auf die Diskussion der Grundvarianten und deren Beschäftigungswirkungen beschränken. Wo nicht anders angegeben, wird vorausgesetzt, dass *kein* Lohnausgleich stattfindet, die Stundenlöhne also konstant bleiben.

Keine Reaktion

Als erste Möglichkeit ist in Betracht zu ziehen, dass ein Unternehmen gar nicht reagiert. Seine Produktion wird durch die verkürzte Arbeitszeit sinken. Falls die gleiche Nachfrage befriedigt werden soll, müssen neue Firmen in den Markt eintreten. Eventuell kann zunächst auch auf Lagerbestände zurückgegriffen werden. Falls die Unternehmen in einer Rezession ihre geplante Produktion nicht vollumfänglich absetzen konnten, werden sich diese Markteintritte spätestens im nächsten Wiederaufschwung vollziehen. In diesem Fall würde die Beschäftigung früher oder später prozentual im Ausmass der Arbeitszeitverkürzung zunehmen.

Diese Variante erscheint uns sehr unwahrscheinlich, besonders auf Märkten mit ausgeprägter Konkurrenz. Es widerspricht der modernen Unternehmensphilosophie, Veränderungen der Umwelt tatenlos hinzunehmen. Nichtstun hätte konkrete Nachteile, so z.B. ein Rückgang des Marktanteils und auch des Gewinns.

Überstunden

Gesamtarbeitsverträge erlauben den Arbeitgeberinnen in der Regel, ihre Angestellten Überstunden arbeiten zu lassen. Allerdings müssen diese gemäss OR mit einem Lohn abgegolten werden, der mindestens 25% über dem Normallohn liegt.

Theoretische Modelle sagen voraus, dass eine Verkürzung der Arbeitszeit in gewissen Fällen die Beschäftigung verkleinern wird, also kontraproduktiv wirkt, wenn die Unternehmerinnen die Möglichkeit haben, in Überstunden auszuweichen[1]. Es wird sich dabei um jene Unternehmen handeln, die bis anhin schon Überstunden arbeiten liessen. Nach einer Verkürzung der Normalarbeitszeit wird hier also effektiv länger gearbeitet als vorher: dieses Ergebnis erscheint paradox. Es ist aber damit erklärbar, dass die gesamten Kosten pro Angestellten durch die Verkürzung der Arbeitszeit steigen, weitere Überstunden aber immer noch zum gleichen Tarif zu haben sind. Die Erhöhung der Kosten pro Angestellten entsteht dadurch, dass nach der Verkürzung ein grösserer Anteil der effektiven Arbeitszeit aus teureren Überstunden besteht, wenn man die effektive Arbeitszeit konstant hält. Jede Veränderung von Preisrelationen löst aber eine Substitution aus, d.h. es wird mehr vom relativ billiger gewordenen Produktionsfaktor eingesetzt. In unserem Fall werden also Angestellte durch Überstunden substituiert.

Zum besseren Verständnis dieses nicht ganz einfachen Gedankenganges verweisen wir auf das später folgende einfache und hoffentlich illustrative Beispiel.

---

1   Calmfors und Hoel (1988), S. 52

Grenzen der Überstundenarbeit

Ein gewisses Gegengewicht zu diesem Effekt entsteht dadurch, dass die Arbeitgeberinnen die Arbeitszeit nicht unendlich ausdehnen können. Einerseits schädigen sie ihren Ruf durch zu exzessive Überstunden, andererseits nimmt die durchschnittliche Produktivität der Arbeitsstunden mit zunehmender Arbeitszeit von einem bestimmten Punkt an ab. Dies liegt daran, dass die Arbeitnehmer ermüden, die Fehlerhäufigkeit zunimmt, respektive die Qualität der Arbeit sinkt. Relevant ist also letztlich nicht die rein quantitative Zahl der Arbeitsstunden, sondern die dabei erbrachten Leistungseinheiten (engl. Labor services). Offensichtlich hat die Stärke dieses Effekts auch einen Zusammenhang mit der Art der Arbeitszeitverkürzung. Führen die Überstunden zu einer Verlängerung der täglichen Arbeitszeit, dürfte die Durchschnittsproduktivität wesentlich stärker sinken als durch die Einführung eines zusätzlichen Arbeitstages. Arbeitgeberinnen werden es darum lieber sehen, wenn die Angestellten ihren Samstagmorgen opfern, als bis in alle Nacht zu schuften.

Auch zu diesem Thema gibt es einige interessante empirische Untersuchungen. Verschiedene Ökonomen und Ökonominnen interessierten sich dafür, wie stark die Leistungseinheiten mit einer Veränderung der (täglichen) Arbeitszeit variieren[1]. Die Mehrzahl erhält als Resultat, dass sich nur die Hälfte einer prozentualen Ausdehnung der Arbeitszeit in einer Erhöhung der Leistungseinheiten niederschlägt. Wir haben hier also einen Grund lokalisiert, warum selbst die Arbeitgeberinnen kein Interesse daran haben, die Überstunden über alle Masse auszudehnen.

Nicht zu vergessen sind aber auch die institutionellen Einschränkungen der Überstunden, seien diese gesamtarbeitsvertraglich, normalarbeitsvertraglich oder gesetzlich vorge-

---

[1]   Hart, S. 149

schrieben. Wichtig sind hier vor allem der minimale Lohn-
aufschlag von 25% für Überstunden sowie die mengenmäs-
sigen Beschränkungen der Überzeitarbeit respektive die Be-
willigungspflicht[1].

Unternehmen ohne Überzeit
Unternehmen, welche sich bisher an die Normalarbeitszeit
hielten, werden dies auch nach der Arbeitszeitverkürzung
tun. Damit wird ein positiver Beschäftigungseffekt eintreten. Allerdings darf die Verkürzung nicht zu stark sein, da
diese Unternehmen sonst zu den "Überstündlern" kippen
könnten. Zusätzlich müssen die Unternehmen eine gewisse
Mindestgrösse aufweisen, damit es sich lohnt, neue Stellen
zu schaffen. Es leuchtet ein, dass in einem Kleinbetrieb mit
drei Schreinern keine neue Stelle geschaffen wird, wenn die
Arbeitszeit um 10% reduziert wird.
Die unterschiedliche Reaktion von "Überstunden-" und
"Normalstundenbetrieben" konnte für Grossbritannien sehr
schön gezeigt werden [2]. Untersucht wurden hier 52 Unternehmen der Metallindustrie in den Jahren 1978 - 1982. In
Betrieben mit Überzeit führte eine Arbeitszeitverkürzung
um 10% zu einer statistisch gesicherten Verminderung der
Beschäftigten um 4,1%, während Betriebe ohne Überzeit auf
eine gleiche Senkung der Arbeitszeit mit einer Beschäfti-
gungsausdehnung von 5,9 Prozent reagierten. Diese Resultate erhielt man, indem man alle andern Einflüsse auf die
Anzahl der Beschäftigten so gut wie möglich eliminierte, so
z.B. gleichzeitige Veränderungen der Stundenlöhne (d.h
kein Lohnausgleich), des in- und ausländischen Bruttoso-
zialprodukts, der Rohstoff- und Erzeugerpreise, der Wech-
selkurse usw.

---

1 Siehe Abschnitt 4.3.: Gesetzliche Bestimmungen über die
   Arbeitszeit
2 Siehe Hart, S. 144 - 147.

Die fixen Kosten der Arbeit als Spielverderber
Aufmerksame Leserinnen und Leser werden jetzt einwen-
den, dass es bei sinkender Durchschnittsproduktivität für
die Arbeitgeberinnen optimal wäre, sehr viele Leute nur für
kurze Zeit pro Tag anzustellen, so dass die Produktions-
menge pro Stunde maximal wäre. Dass dem nicht so ist, hat
verschiedene Gründe:
Erstens fallen der Unternehmung nicht nur die variablen
Lohnkosten an, sondern auch fixe Ausgaben, welche nur
mit der Anzahl Beschäftigten, nicht aber mit der Arbeitszeit
variieren. Hierunter sind praktisch die ganzen Kosten der
Personalabteilung zu verstehen, angefangen mit der Ab-
rechnung der Sozialabgaben über Einstellungs- und Entlas-
sungskosten bis hin zur Subventionierung der Kantine.

Zweitens besteht ein relativ fest vorgegebener Teil der Arbeitszeit aus bezahlter Aufwärm- und/oder Vorbereitungs-
zeit, die vielerlei Ausprägungen haben kann. Ob es nun die
Zeitungslektüre am Bürotisch, der Schwatz mit der Kollegin
oder konkrete Arbeitsvorbereitungen sind: Gemeinsam haben sie, dass sie durch kürzere Arbeitszeiten nicht oder nur
unwesentlich gekürzt werden. Wiederum gilt natürlich,
dass der Anteil der "Aufwärmzeit" bezogen auf die effektive Arbeitszeit durch Verkürzung der Arbeitszeit zunimmt.

Spezifisches Humankapital
Von grosser Wichtigkeit sind in diesem Zusammenhang
auch die Kosten der Einarbeitung in eine Stelle. In der Ökonomie nennt man dies, wie gesagt, eine Investition in spezifisches Humankapital. Deren Kosten bestehen einerseits aus
der während der Einarbeitungszeit verminderten Produktivität, andererseits aus Schulung und Ausbildung. Sie hän-
gen nicht davon ab, ob jemand 50% oder 100% arbeitet und
müssen darum auch zu den fixen Kosten der Arbeit gerechnet werden. Die fixen Arbeitskosten pro Arbeitsstunde

sind deshalb umso höher, je niedriger die durchschnittliche Arbeitszeit ist. Aus diesen Überlegungen kann folgende Aussage hergeleitet werden: Kurze Arbeitszeiten sind für das Unternehmen umso kostspieliger, je grösser der Anteil der fixen Kosten an den gesamten Lohnkosten und je höher der Anteil der "Aufwärmzeit" ist. Daraus folgt zum Beispiel, dass bei hoch qualifizierten Jobs, die viel spezifisches Humankapital erfordern, nach einer Arbeitszeitverkürzung eher in Überstunden ausgewichen wird als bei einfachen Arbeiten.

Die Graphik 7 (unten) zeigt die prozentuale Verteilung der variablen und fixen Arbeitskosten im verarbeitenden Gewerbe am Beispiel der EG. Der Anteil der Fixkosten bewegt sich in dieser Statistik zwischen 10 und 20%. Der wahre Anteil dürfte noch wesentlich höher sein, fehlen doch die Kosten für die Personaladministration und die Einarbeitung.

**Graphik 7:   Prozentanteile der variablen und fixen Arbeitsko-
               sten in 10 EG-Ländern im Jahr 1981.**

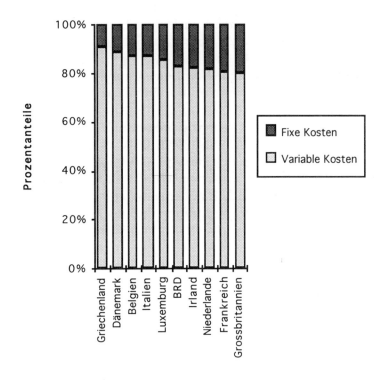

Quelle OECD (1986), S. 22

Weiter ist auffallend, dass die fixen Kosten bis 1981 einer
stetigen Zunahme unterlagen. So wuchsen sie in Grossbritannien in der Periode 1973 - 1981 um beinahe 50%.

Das nachfolgende Beispiel soll nochmals verdeutlichen helfen, warum die Arbeitgeberinnen einen Anreiz haben, nach
einer Verkürzung der Arbeitszeit in Überstunden auszu-

weichen und per saldo sogar länger arbeiten zu lassen. Es handelt sich dabei um einen Betrieb, in dem aufgrund von fixen Arbeitskosten schon *vor* der Verkürzung Überstunden geleistet wurden.

Ein illustratives Beispiel

Ein Betrieb befinde sich vor der Arbeitszeitsverkürzung im Kostenminimum. Um die Nachfrage nach seinen Produkten zu befriedigen, brauche er monatlich 8'800 Arbeitsstunden im Produktionsbereich. Bei einer betriebsüblichen Arbeitszeit von 42 Wochenstunden werden pro Arbeitnehmer im Durchschnitt noch zwei Überstunden geleistet; die effektive Wochenarbeitszeit betrage also 44 Stunden. Geht man (vereinfachend) von 4 Wochen pro Monat aus, so benötigt dieser Betrieb eine Belegschaft von 50 Mitarbeitern in der Produktion. Eine Arbeitsstunde koste die Arbeitgeberin 25 Franken, Überstunden bekommt sie mit einem Zuschlag von 25%, also zu 31.25 Franken. Zusätzlich zu diesen variablen Arbeitskosten erwachsen ihr fixe Kosten von 1'500 Franken pro Arbeitnehmer und Monat. Insgesamt kostet der Arbeitseinsatz die Firma 297'500 Franken.

Die betriebsübliche Arbeitszeit werde nun von 42 auf 38 Wochenstunden verkürzt, wobei der Stundenlohn und der Überstundenzuschlag konstant bleiben. Bei weiterhin zwei Überstunden und damit 40 effektiven Wochenstunden müssten fünf weitere Leute eingestellt werden, um die 8'800 erforderlichen Stunden zu erreichen (Variante 1). Die gesamten Arbeitskosten steigen dann auf 305'250 Franken pro Monat.

Alternativ dazu bestehe für die Arbeitgeberin die Möglichkeit, die kürzere betriebsübliche Arbeitszeit durch vier zusätzliche Überstunden zu kompensieren und damit auf Neueinstellungen zu verzichten. Tatsächlich kommt ihr diese Variante 2 mit nunmehr 6 Überstunden à 31.25

*Franken billiger als die Variante 1, und zwar um 2'750
Franken pro Monat oder 33'000 Franken pro Jahr. Die gesamten monatlichen Arbeitskosten betragen hier 302'500
Franken.*
*Weitere Kosten kann sie sparen, wenn sie die Überstunden
noch mehr erhöht (Variante 3). Entlässt sie beispielsweise
zwei Mitarbeiter, so sind in unserer Rechnung knapp 8
Überstunden notwendig, was eine effektive Arbeitszeit von
46 Stunden bedeutet. Die totalen Kosten reduzieren sich auf
301'400 Franken und die monatliche Ersparnis im Vergleich zu Variante 1 steigt auf 3'850 Franken.*

	Vor der Verkürzung	Mögliche Reaktionen der Arbeitgeberin		
		Variante 1	Variante 2	Variante 3
Normalarbeitszeit	42	38	38	38
Überstunden	2	2	6	7.83
Effektive Arbeitszeit	44	40	44	45.83
Beschäftigte	50	55	50	48
Total Stunden	8'800	8'800	8'800	8'800
Kosten Normalarbeitszeit	210'000.-	209'000.-	190'000.-	182'401.-
Kosten Überstunden	12'500.-	13'750.-	37'500.-	46'999.-
Fixe Kosten	75'000.-	82'500.-	75'000.-	72'000.-
Totale Kosten	**297'500.-**	**305'250.-**	**302'500.-**	**301'400.-**

*Schranken für weitere Erhöhungen der Überstunden erge-
ben sich durch die oben beschriebene Abnahme der Arbeitsproduktivität sowie durch institutionelle Vorschriften. Die
Wirkungen auf die Arbeitsproduktivität wurden hier bewusst vernachlässigt, um das Beispiel einfach zu halten.
Abstrahiert haben auch wir davon, dass durch die*

Verkürzung die Kapitalgüter – d.h. Maschinen oder Büro-
einrichtungen weniger effektiv genutzt werden können.
Falls die Unternehmung keinen geeigneten Schichtbetrieb
einrichten kann oder will, wird dies zumindest in der kur-
zen Frist auch die Kapitalkosten (und damit eventuell auch
die Energiekosten) erhöhen, da zusätzliche Maschinen ange-
schafft resp. Büros eingerichtet werden müssen.

Empirische Evidenz
Die Erhöhung der Überstunden als Reaktion auf eine
Arbeitszeitverkürzung ist nicht nur ein theoretisches
Gedankenspiel, sondern auch empirisch belegt. In einer
Studie für Deutschland fand Kraft, dass im Zeitraum 1963 -
1987 eine Arbeitszeitverkürzung von beispielsweise 10% die
effektive Arbeitszeit nicht um 10%, sondern lediglich um
3,8% senkte[1]. Die fehlenden 6,2% müssen darum mit
Überstunden erklärt werden. Weiter erhält er, dass
Arbeitszeitverkürzung keinen messbaren Einfluss auf die
Anzahl der Beschäftigten hatte. Wie ist dies erklärbar?
Immerhin ist die Arbeitszeit - wenn auch nicht im Ausmass
der Verkürzung der Normarbeitszeit - spürbar gesunken.

Verteuerung der Produktionskosten
Wir stossen hier auf einen weiteren möglichen Effekt: Die
durch die Arbeitszeitverkürzung erhöhten Kosten pro
Arbeitsstunde führen zu einer generellen Verteuerung der
Produktion und damit zu einem Rückgang des Güter-
angebots. Die Unternehmen werden wahrscheinlich einen
Teil der gestiegenen Produktionskosten auf die Konsumentinnen und Konsumenten überwälzen. Dies bedeutet aber
einen Rückgang der Nachfrage nach Gütern und somit eine
Einschränkung der Produktion. Die beschriebene Wir-
kungskette wird somit – sei dies in Konkurrenzmärkten,

---

[1]   S. Kraft (1989), S.247

Monopolen oder Oligopolen – indirekt einen Rückgang der
Beschäftigten zur Folge haben,

Diese Aussage gilt allerdings nicht für Unternehmen, die
aufgrund ihrer Kostensituation gerne mehr produziert hätten also sie (in der kurzen Frist) absetzen können. Dies ist
die typische Situation in einer (keynesianischen) Rezession,
in der die gesamtwirtschaftliche Nachfrage kleiner ist als
das Angebot. Bei diesen Unternehmen sind nicht die Lohnkosten der Grund für die gedrosselte Produktion, sondern
die mengenmässig zu kleine Nachfrage. Sie werden also
auch bei leicht höheren Kosten (und Preisen) die gleichen
Mengen absetzen.

In die gleiche Kategorie gehören staatliche Unternehmen
und die öffentliche Verwaltung: diese können (meist) nicht
autonom über ihre Leistung entscheiden, sondern müssen
eine fixierte, im politischen Prozess bestimmte Produktion
erbringen.

Die Aussicht auf die gewünschte positive Beschäftigungswirkung einer Arbeitszeitverkürzung ist darum im öffentlichen Sektor grösser als anderswo. Es darf allerdings nicht
vergessen werden, dass auch die Politik eine Angebots-
einschränkung erwirken kann, wenn die Kosten ausufern.

Es liegt nun nahe, die beschäftigungspolitisch unerwünschte Substitution von Beschäftigten durch Überstunden dadurch zu mildern, dass höhere Überstunden sukzessive ver-
teuert werden. Es besteht dabei aber die Gefahr, dass die
Produktionskosten der Unternehmung noch weiter ansteigen, so dass der Angebotsrückgang noch verstärkt wird. Es
müssten zumindest sehr individuelle Lösungen getroffen
werden, da die Kostenstrukturen der Unternehmen sehr
verschieden sind.

Fazit

Zusammenfassend stellen wir fest, dass angesichts der Möglichkeit von Überstunden keine eindeutigen Schlüsse bezüglich der Beschäftigungswirkungen von generellen Arbeitszeitverkürzungen gezogen werden können. Möglicherweise werden neue Jobs geschaffen, vielleicht gehen aber auch Jobs verloren.

Bessere Aussichten bestehen, wenn es darum geht, mit generellen Arbeitszeitverkürzungen *bestehende*, aber bedrohte Arbeitsplätze zu erhalten oder den Abbau wenigstens erträglicher zu machen. Gerade Grossunternehmen beziehen nicht nur die direkten Kosten, sondern auch die Kosten eines Imageverlustes in ihr Kalkül mit ein. Massenentlassungen aber schädigen das Image eines Unternehmens so nachhaltig wie kaum eine andere Massnahme. In der BRD kommt hinzu, dass seit 1972 eine gesetzliche Sozialplanpflicht bei Entlassungen grösseren Ausmasses besteht[1]. Dies kann dazu führen, dass Unternehmen auf Massenentlassungen verzichten und versuchen, durch Arbeitszeitverkürzungen ihre Kosten zu senken. Wie stark die Unternehmen ihre Kosten drücken können, hängt selbstverständlich von der Höhe des Lohnausgleichs ab.

Prominentes und aktuelles Beispiel hierfür ist der Volkswagen-Konzern, welcher durch die allgemeine Einführung der Viertagewoche – einer Arbeitszeitverkürzung um 20% – die Entlassung von 31'000 seiner 108'000 Mitarbeitern in den sechs deutschen Werken verhindern will[2]. Nach dem Willen des Unternehmens sollte dabei kein Lohnausgleich bezahlt werden, die Löhne wären in diesem Fall für alle Mitarbeiter um 20% gesunken. Die Gewerkschaften forderten hingegen einen vollständigen Lohnausgleich. Für

---

1 Kraft (1993), S. 7
2 NZZ und Le Nouveau Quotidien. 29.10.93

Aussenstehende ist das Ergebniss der Verhandlungen
höchst undurchsichtig[1]. Während die Gewerkschaft (IG
Metall) verlauten liess, sie hätte den Lohnverzicht summa
summarum auf rund 10% begrenzen können, war von Seiten der Arbeitgeberinnen zu vernehmen, die Personalkosten
hätten durch dieses Massnahmenpaket um beinahe 20%
verringert werden können. Die sonderbare Differenz erklärt
sich möglicherweise dadurch, dass die Gewerkschaft den
kurzfristigen Lohnverlust für 1994 im Auge hat, Volkswagen hingegen mittelfristige Personalkostensenkungen
anvisiert.

Einführung oder Intensivierung des Schichtbetriebs
Eine andere Möglichkeit unternehmerischer Anpassung an
eine Arbeitszeitverkürzung ist die Einführung oder Intensivierung des Schichtbetriebes. Grundsätzlich wollen die
Unternehmen damit ihre Kapitalgüter effizienter nutzen,
indem sie die Maschinenlaufzeiten verlängern. Wie der
Produktionsfaktor Arbeit (Anzahl Mitarbeiter und Arbeitszeit) hat auch das Kapital als Produktionsfaktor zwei Komponenten, nämlich den Bestand (z.B. Anzahl Maschinen)
sowie die Maschinenlaufzeit. Die Kapitalleistung ergibt sich
als Produkt von Kapitalbestand und Laufzeit. Kurzfristig
kann die Kapitalleistung am ehesten gesteigert werden, indem Schichten gefahren werden und Maschinen somit länger laufen. Es drängt sich nun die Frage auf, warum Unternehmen ihre Maschinen nicht von Anfang an rund um die
Uhr laufen lassen. Dies liegt darin begründet, dass die

---

[1]   Die Rechnung ist sehr kompliziert, weil das Weihnachts- und ein
      Teil des Feriengeldes auf die monatlichen Lohnzahlungen umge-
      legt wurde. Zudem wurden für einen späteren Zeitpunkt in Aus-
      sicht gestellte Reallohnerhöhungen und Arbeitszeitverkürzungen
      bei vollem Lohnausgleich vorgezogen und verrechnet. NZZ,
      26.11.93

Unternehmen beträchtliche Lohnzuschläge für Nacht- und
Sonntagsarbeit bezahlen müssen. Darüber hinaus ist die
Einführung von Schichtarbeit grundsätzlich bewilligungs-
pflichtig (Art. 23 und 24 Arbeitsgesetz, Art. 52 Verordnung
1 zum Arbeitsgesetz). Für Schichtarbeitende sieht der
Gesetzgeber einen verstärkten Gesundheitsschutz vor (Art.
47 - Art.51 Verordnung 1 zum Arbeitsgesetz), Jugendliche
und Frauen haben Anrecht auf Sonderschutz.
Das Ausweichen in Überstunden ist in diesem Modell ausgeschlossen, um die Auswirkungen der Schichtarbeit isoliert studieren zu können. Selbstverständlich werden
Schichtarbeit und Überstunden in der Realität gleichzeitig
vorkommen.

Ein mikroökonomisches Modell der Schichtarbeit
Falls ein gegebenes Produktionsniveau aufrechterhalten
werden soll (Unternehmen mit Nachfragerationierung),
müssen nach einer Arbeitszeitverkürzung mehr Schichten
gefahren werden. Allerdings wird die Maschinenlaufzeit
vorerst unverändert bleiben[1]. Da die Maschinen während
der gesamten Laufzeit bedient, gewartet und kontrolliert
werden müssen, nunmehr aber in kürzeren Schichten, entsteht eine Mehrnachfrage nach Arbeitskräften. Mit anderen
Worten sind – zumindest in der kurzen Frist - keine (oder
kaum) Substitution zwischen Kapital (d.h. Maschinen) und
Arbeit möglich, der Personalbestand muss prozentual
gleich stark ausgedehnt werden wie die Arbeitszeit abnimmt.
Mittel- bis längerfristig werden die Arbeitgeberinnen allerdings verstärkt versuchen, durch organisatorische Massnahmen und/oder Rationalisierungen Arbeit durch Kapital
zu ersetzen. Konkret kann dies heissen, dass neue
Maschinen mit weniger Bedienungs- und Wartungs-

---

1   S. Calmfors und Hoel (1989), S. 764

aufwand angeschafft werden oder neue, personalsparende EDV-Lösungen im Dienstleistungsbereich vermehrt Einzug halten. Der Anreiz hierzu entsteht wiederum dadurch, dass Arbeitsstunden durch die Arbeitszeitverkürzung im Durchschnitt teurer geworden sind, da die fixen Arbeitskosten nun auf weniger Arbeitsstunden pro Arbeitnehmer umgelegt werden müssen. Gleichzeitig ist zu erwarten, dass nach der Rationalisierung die Maschinenlaufzeiten verlängert werden. Die Stärke und Richtung der Beschäftigungswirkung der Arbeitszeitverkürzung hängt somit wesentlich davon, ob und in welcher Zeitspanne Substitutionen erfolgen können.

Auch muss hier der Produktionseffekt beachtet werden. Dieser führt wiederum dazu, dass Unternehmen, welche im Rahmen der Gewinnmaximierung auch über die Höhe ihres Ausstosses an Gütern entscheiden, ihre Produktion senken werden. Wie stark dieser Effekt zu Buche schlagen wird, hängt von verschiedenen Faktoren ab, so vom Ausmass der Arbeitszeitverkürzung, der Preiselastizität der Nachfrage auf dem Gütermarkt, vor allem aber von den oben diskutierten Substitutionsmöglichkeiten der Arbeitgeberinnen. Der Zusammenhang ist folgender: Unternehmen, welche nur wenig oder gar keine Substitutionsmöglichkeiten haben, unterliegen einem stärkeren Produktionseffekt als jene, denen in einem gewissen Ausmass Substitutionen mittel- bis längerfristig gelingen. Diese Aussage entbehrt nicht einer gewissen Intuition: Substitutionen von Arbeit durch Kapital sind nichts anderes als das Bestreben des Unternehmens, den durch die Verkürzung der Arbeitszeit (ohne Lohnausgleich) entstandenen Mehrkosten auszuweichen oder sie wenigstens zu senken. Solange keine Substitutionen der Produktionsfaktoren möglich sind, müssen sie von den Arbeitgebern voll übernommen werden. Als einziger Ausweg bleibt nur, diese Mehrkosten über den

Absatzpreis (teilweise oder ganz) auf die Konsumentinnen und Konsumenten zu überwälzen. Da die Nachfrage bei steigenden Preisen sinkt, muss damit auch die Produktion zurückgehen.

Dienstleistungen sind keine Industrieprodukte

Es muss hier ergänzt werden, dass das Modell streng genommen nur für den industriellen Sektor angewandt werden kann. Es wird nämlich stillschweigend angenommen, dass die Nachfrage und damit der Absatz an Gütern nicht mit der Anzahl der gefahrenen Schichten zusammenhängt. Dies mag für tangible Güter zutreffend sein, wo Produktion und Absatz zeitlich wie örtlich auseinanderfallen können. Im Dienstleistungsbereich ist der Absatz jedoch vollständig mit der Produktion gekoppelt, ganz einfach deshalb, weil Dienstleistungen nicht gelagert werden können. Die Ladenöffnungszeit als Pendant zur Maschinenlaufzeit kann darum mit dem Umsatz zusammenhängen. Ob verlängerte Ladenöffnungszeiten den Umsatz im Detailhandel erhöhen, ist bis zur Zeit nicht schlüssig zu beantworten; dazu sind die bis jetzt erfolgten Liberalisierungsschritte zu jung und zu zaghaft. Sollte längerfristig jedoch ein höherer gesamtwirtschaftlicher Konsum durch verlängerte Ladenöffnungszeiten zu erreichen sein, wären die Aussichten für positive Beschäftigungswirkungen einiges höher, nicht zuletzt weil diese Mehrnachfrage auch positive Rückwirkungen auf den Industriesektor hätte[1].

---

1   Wir denken an die Möglichkeit, dass längere und flexiblere Oeffnungszeiten langfristig eine höhere Erwerbsbeteiligung der Frauen bewirken könnte. Die gegenwärtige Regelung der Oeffnungszeiten ist eine Belastung für Haushalte mit zwei erwerbstätigen Eltern-

Fazit

Die ökonomische Theorie gibt insgesamt keine sehr ermutigende Prognose für die Beschäftigungswirkung einer generellen Arbeitszeitverkürzung, falls die Unternehmen die Schichtarbeit einführen oder intensivieren. Zwar wird in diesen Modellen Überstundenarbeit ausgeschlossen (d.h. die Arbeitgeberinnen müssen sich unter allen Umständen an die fixierte Arbeitszeit halten); somit entsteht einerseits eine gewisse Mehrnachfrage nach Arbeitskräften, weil der gleiche Output in kürzerer Arbeitszeit zu erbringen ist. Andererseits begegnen wir auch hier wieder dem schon oben beschriebenen negativen Produktionseffekt; in der langen Frist ist eine Substitution von Arbeit durch arbeitssparende Maschinen zu erwarten.

Substitution der Arbeit durch Kapital

Die bisher besprochenen Reaktionen der Arbeitgeberinnen sind eher kurzfristiger Natur. In der langen Frist besteht die Gefahr, dass - wie bei jeder Verteuerung des Produktionsfaktors Arbeit - die Betriebe auf eine kapitalintensivere Produktionsweise umstellen. Im Gegensatz zur Intensivierung der Schichten, wo die Kapitalgüter durch längere Maschinenlaufzeiten intensiver genutzt werden, geht es hier darum, dass Arbeitsplätze durch neue, arbeitssparende Anlagen wegrationalisiert werden. Auch der technische Fortschritt könnte sich weiter in der Richtung arbeitssparender Technologien entwickeln.

Empirisch sind solche Effekte äusserst schwierig nachzuweisen, da a priori nicht bekannt ist, in welcher Zeitspanne sie sich abwickeln; der konkrete Zusammenhang mit Arbeitszeitverkürzungen wird daher nur in Ausnahme-

---

teilen. Wird Erwerbsarbeit attraktiver, so steigt das Einkommen und damit die Konsumnachfrage.

fällen zu zeigen sein. Die meisten empirischen Studien sind kurz- bis mittelfristig ausgerichtet und können (oder wollen) diese langfristigen Effekte nicht mit einbeziehen. Trotzdem sollten sie nicht auf die leichte Schulter genommen werden.

3.5 Makroökonomische Simulationsstudien

In den achtziger Jahren wurden in verschiedenen europäischen Ländern grosse mathematische Modelle konstruiert, um die Beschäftigungseffekte (und auch Einflüsse auf andere wirtschaftliche Grössen) von Arbeitszeitverkürzungen zu studieren. Diese Modelle waren alle makroökonomisch orientiert, d. h. sie versuchen, die ganze Volkswirtschaft mit ihren komplizierten Zusammenhängen und Rückwirkungen abzubilden. Unsere bisherigen Überlegungen waren hingegen mikroökonomischer Natur: Wir haben immer nur einzelne Unternehmen innerhalb eines einzigen Marktes (nämlich des Arbeitsmarktes) in ihrem Verhalten studiert.

Die Makromodelle kommen nun zu wesentlich günstigeren Voraussagen über die Beschäftigungswirkungen von Arbeitszeitverkürzungen. Mit einer einzigen Ausnahme (Niederlande) wird prognostiziert, dass Arbeitszeitverkürzungen neue Jobs schaffen. In Frankreich und Deutschland wird mit einem sehr ausgeprägten positiven Effekt gerechnet, während in England eine schwächere, aber immer noch eindeutig positive Wirkung erwartet wird. Die Zahlen in der folgenden kleinen Tabelle 4 geben an, um wieviel Prozent die Beschäftigung bei einer Senkung der Arbeitszeit um 1% steigen oder (bei negativen Werten) fallen würde.

Tabelle 4: Beschäftigungseffekte der Arbeitszeitverkürzung in vier europäischen Ländern

Land	Beschäftigungseffekt
Frankreich	0.6 bis 0.8
Niederlande	-0.08 bis -0.19
Grossbritannien	0.05 bis 0.37
Deutschland	0.6 bis 0.8

Quelle: Hart, S. 155

Bei der Interpretation dieser Zahlen ist wiederum grosse Vorsicht geboten. Zuerst einmal sind sie kaum untereinander vergleichbar, da die zugrundeliegenden Modelle sehr unterschiedlich sind. Im weiteren ist zu sagen, dass sie die Realität meist sehr einfach abbilden. Zwar berücksichtigen sie viele wichtige Wirkungszusammenhänge der Volkswirtschaft (z.B. auf die Inflation, die Zahlungsbilanz, den Wechselkurs und den Staatshaushalt); diese an sich notwendigen Erweiterungen werden aber damit erkauft, dass die unternehmerischen Entscheidungen nur sehr lückenhaft modelliert werden. Nachdem wir gesehen haben, wie wichtig der Einfluss der fixen Kosten der Arbeit ist, erstaunt es, dass keines dieser Modelle diese einbezieht[1]. Im Grunde fragen sie danach, wieviele Leute – bei einem konstanten Bedarf an Leistungseinheiten der Arbeit – mehr eingestellt werden müssen, wenn die Arbeitszeit verkürzt wird und sich dadurch die durchschnittliche Produktivität der Arbeit verändert.

Nicht überraschend sind die Prognosen sehr ungenau. Um nur ein Beispiel zu nennen: Im Januar 1982 wurde die Normalarbeitszeit in Frankreich verkürzt. Kurzfristig schuf diese Massnahme gemäss einer anderen Berechnung 14'000 bis 28'800 neue Jobs. Gemäss den obigen Werten aus der

---

[1]   Hart, S. 158

Simulation hätten es aber 143'000 sein müssen, also 5 bis 10 mal mehr: Ein klares Verdikt dafür, dass die Ökonomen und Ökonominnen noch einmal über die Bücher gehen sollten!

3.6 Spezifisches Humankapital

Spezifisches Wissen erhält Arbeitsplätze
Wir haben gesehen, dass die hohen Kosten bei der notwendigen Investition in spezifisches Humankapital mitverantwortlich dafür sind, dass Unternehmen nach einer Verkürzung der Arbeitszeit keine neuen Jobs schaffen. Das ist jedoch nur die halbe Wahrheit. Hat eine Arbeitgeberin einen Mitarbeiter erst einmal gründlich in eine Stelle eingearbeitet, wird sie sich hüten, ihn beim kleinsten Einbruch der Nachfrage gleich wieder zu entlassen. Sie kann nämlich nicht damit rechnen, dass die gleiche Person auf dem Arbeitsmarkt sofort wieder verfügbar sein wird, sobald sich die Nachfrage erholt haben wird; die getätigten Humankapitalinvestitionen wären somit verloren. In der Ökonomie spricht man dann von versunkenen Kosten (engl. sunk costs). Dieses Verhalten der Arbeitgeberinnen nennt man auch Horten. Es konnte für die Schweiz schon verschiedentlich nachgewiesen werden, dass in konjunkturellen Schwächephasen stark gehortet wurde[1].
Durch die versunkenen Kosten hätten die Unternehmen eigentlich von sich aus einen Anreiz zu Arbeitszeitverkürzungen. Da sie ihr Personal nicht voll auslasten können, aus den obigen Gründen aber auch kein Personal entlassen wollen, könnten sie durch Arbeitszeitverkürzungen ohne Lohnausgleich Kosten sparen und ihren Betrieb so durch

---

[1]   So zum Beispiel in Schaad/Schellenbauer (1993) und Frick, Hollenstein und Spörndli (1989).

die Rezession bringen. Solche Arbeitszeitverkürzungen
hätten allerdings vorübergehenden Charakter; die Unternehmerinnen würden beim nächsten Wiederaufschwung
somit fordern, die Arbeitszeiten wieder zu erhöhen. Hier
steht damit vor allem die Flexibilisierung, nicht die perma-
nente Verkürzung im Vordergrund.
Voraussetzung ist natürlich eine entsprechende Senkung
der Löhne, d.h. konstante Stundenlöhne. Gerade dies ist
wahrscheinlich der Grund, warum es in der Vergangenheit
mit der Flexibilität der Arbeitszeiten haperte: Viele Arbeitnehmer konnten oder wollten eine substantielle Lohneinbusse nicht hinnehmen; zudem besteht die Gefahr, dass
gerade die besten Leute durch eine solche Massnahme zu
Firmen wechseln, die ihnen eine volle Stelle mit vollem
Lohn bieten.

Kurzarbeit im Rahmen der Arbeitslosenversicherung
Im Gegensatz zur Arbeitslosenversicherung, die eine sozialpolitische Zielsetzung hat, ist die Kurzarbeitsregelung
heute als Überbrückungshilfe gedacht, die die Sicherung
von längerfristig konkurrenzfähigen, kurzfristig aber ge-
fährdeten Arbeitsplätzen bezweckt. Es geht also um die
Vermeidung, respektive die breitere Verteilung von konjunktureller Arbeitslosigkeit. Mit andern Worten soll das
oben beschriebene Horten von Arbeitskräften in konjunkturellen Schwächephasen gefördert werden, indem die
Arbeitgeberin zwar 80% der ausgefallenen Arbeitsstunden
bezahlt, von der Arbeitslosenkasse aber dafür entschädigt
wird. Für die Arbeitnehmer entsteht so nur ein kleiner
Verlust, den die meisten zu tragen bereit sind.

Ein Blick auf die Statistik der Arbeitslosen und der
Kurzarbeitenden (Graphik 8) zeigt, dass die Unternehmen
in der gegenwärtigen Rezession eher zu Entlassungen nei-
gen als von der Kurzarbeit Gebrauch zu machen. Während

wir im Januar 1994 schon 188'000 Arbeitslose zählten, arbeiteten im Dezember 1993 lediglich 37'000 Arbeitnehmer kurz. Noch klarer zeigt sich dies, wenn wir die Veränderungsraten betrachten: Während sich die monatlichen Arbeitslosenzahlen in der Periode 1992 bis 1993 innert Jahresfrist jeweils rund verdoppelten, liegen die entsprechenden Werte für die Kurzarbeitenden nur rund ein Drittel über den Vorjahreswerten. In der zweiten Hälfte 1993 hat sich diese Schere noch weiter geöffnet, weil die Kurzarbeit (saisonbereinigt) kaum mehr anstieg, während bei den Vollzeitarbeitslosen der Gipfel noch nicht erreicht scheint. Entlassungen scheinen also für viele Arbeitgeberinnen die billigere Variante zu sein.

Graphik 8: Entwicklung der Arbeitslosen und Kurzarbeitenden in der Schweiz vom Januar 90 bis Januar 94

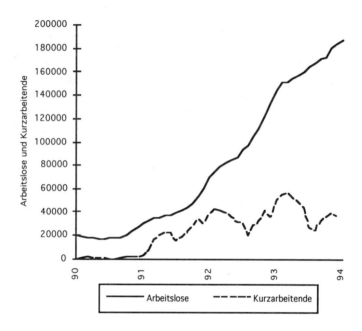

Quelle: Die Volkswirtschaft, verschiedene Ausgaben

Das kann verschiedene Gründe haben:

• Trotz der Verbilligung einer temporären Arbeitszeitverkürzung durch Kurzarbeitsregelung scheinen Entlassungen für viele Firmen billiger zu sein. Es wird sich tendenziell um Firmen handeln, deren Personal über relativ wenig betriebsspezifisches Wissen und allgemein tiefe Qualifikationen verfügt. Für solche Unternehmen kostet es relativ wenig, beim nächsten Anziehen der Nachfrage neue Leute einzustellen und einzuarbeiten. Andererseits verursacht das Horten von Personal mit-

tels Kurzarbeit Mehrkosten gegenüber der Alternative Entlassungen.
Typische Branchen sind die Textil- und Bekleidungsindustrie, die Metallverarbeitung und das Gastgewerbe. Nicht überraschend waren auch die branchenspezifischen Arbeitslosenquoten mit 7,5%, 7,3% respektive 11,3% klar über dem Durchschnitt der Gesamtwirtschaft von 5,1% (Dezember 93). Auf der anderen Seite der Skala sehen wir die Chemie (2,7%) und den ganzen Dienstleistungsbereich (z.b. Banken mit 2,5% und Versicherungen mit 3,3% Arbeitslosen).

- In der Rezession vollziehen viele Unternehmen notwendig gewordene Strukturbereinigungen. Das kann bedeuten, dass eine Firma wegen zu teurer Produktionsweise auf dem Weltmarkt zu keinen konkurrenzfähigen Preisen mehr anbieten kann und dadurch zu Rationalisierungen gezwungen wird. Eventuell müssen Kapazitäten gar dauerhaft abgebaut werden. Andere Unternehmen werden die Produktion gewisser Güter ganz einstellen und gleichzeitig Innovationen auf den Markt bringen. Dieser Strukturwandel gehört zur Marktwirtschaft wie das Ei zum Huhn. Im Klartext heisst dies, dass fortwährend Arbeitsplätze abgebaut und neue geschaffen werden. Dass dies soziale Härten verursacht, die bestmöglich gelindert werden müssen, ist offensichtlich.

Sinn und Zweck einer Kurzarbeitsregelung ist es aber nicht, kaum mehr konkurrenzfähigen Firmen über die Runden zu helfen und damit strukturerhaltend zu wirken[1]. Ebensowenig ist Kurzarbeit vom schweizerischen Gesetzgeber als Instrument der sozialen Abfederung von Strukturanpassungen vorgesehen. Indessen ist in der Vergangenheit genau dies geschehen: Vor allem in der Rezession von 1974-

---

[1] Zweite Teilrevision des Arbeitslosenversicherungsgesetzes, S. 22

1976 und etwas weniger ausgeprägt in jener von 1981 - 1984
wurde vor allem in jenen Unternehmen kurz gearbeitet, die
ohnehin einen strukturell bedingten Abbau der Beschäftigung vollzogen. Dies ist das Resultat einer Studie der
Konjunkturforschungsstelle an der ETH Zürich (KOF)[1]. Die
unerwünschte strukturerhaltende Wirkung blieb aber - so
die Studie - in engen Grenzen.

Fazit
Das Ziel ist also klar: Es geht darum, in der Rezession möglichst viele Nichthorter zum Horten von Arbeitskräften zu
bewegen, allerdings mit der Auflage, den Strukturwandel
nicht über Gebühr zu behindern. Temporäre, von den
Unternehmen selbst gewählte Arbeitszeitverkürzungen, erscheinen uns dazu als effizientes Mittel. Die Kurzarbeitsregelung hat dieses Ziel in den letzten beiden Rezessionen
zwar weitgehend verfehlt, die Erfahrungen der gegenwärtigen Rezession sind aber erst noch aufzuarbeiten; immerhin wurde 1990 mit einer Revision des Arbeitslosenversicherungsgesetzes die finanzielle Belastung für Arbeitgeberinnen, die Kurzarbeit einführen, gesenkt (v.a. Halbie-
rung der Karenztage).
Ein erster oberflächlicher Vergleich zwischen Arbeitslosen
und Kurzarbeitenden deutet hingegen an, dass der Spielraum längst nicht ausgeschöpft ist (Graphik 8). Allerdings
ist auch zu prüfen, ob die gegenwärtige Kurzarbeit tatsächlich konjunktureller Natur ist und nicht vor allem in
Unternehmen eingeführt wird, die Strukturbereinigungen
durchführen.

Das SOFLEX-Modell: Ein interessanter Vorschlag aus der Praxis

---

1   S. Frick, Hollenstein und Spörndli (1989), S. 91ff

Das sogenannte SOFLEX-Modell des Bülacher Unternehmers Heinrich Landert nimmt die obigen Überlegungen auf[1]. Ziel ist die breitere Verteilung der Arbeitslosigkeit[2]. Als wesentliches neues Element gegenüber der konventionellen Kurzarbeit sieht Landert die Freiwilligkeit. Weder der Staat noch die Arbeitgeberinnen sollen die Mitarbeiterinnen und Mitarbeiter zur Verkürzung der Arbeitszeit zwingen können. Sie können mit der Arbeitgeberin jedoch freiwillig einen SOFLEX-Vertrag abschliessen. Dieser ermöglicht es der Arbeitgeberin, die Arbeitszeit innerhalb einer gewissen Bandbreite (Vorschlag Landert: bis maximal 20% der Normalarbeitszeit) bei einer Auftragsflaute vorübergehend zu reduzieren. Auch herkömmliche Teilzeitarbeit soll mit SOFLEX-Arbeit kombiniert werden können.

SOFLEX aus Sicht der Unternehmung
Ein weiteres wesentliches Unterscheidungsmerkmal gegenüber normaler Kurzarbeit ist die Kostenneutralität für die Unternehmung. Diese sei in der geltenden Kurzarbeitregelung nicht gegeben - ein Urteil, dass gemäss unseren Betrachtungen durchaus zutreffen könnte. Gemäss Landerts Rechnung würde Kostenneutralität erreicht werden, wenn das Personal pro 1% Arbeitszeitreduktion eine Lohneinbusse von 1,2% in Kauf nimmt und die Lohnkosten für die Unternehmung bei 80% Arbeit auf 76% sinken. Das heisst, dass sie - falls 5 Leute 80% arbeiten und eine 100%-Stelle eingespart wird - von 5 mal 24%, also 120% Lohnkosten entlastet wird. Die 20% Mehrersparnis im Vergleich zur Entlassung eines Mitarbeiters sollen sie für die notwendige Reorganisation des Betriebs entschädigen. Eine mögliche Variante ist dahingehend, diese Abgeltung an die Unter-

---

1   SOFLEX steht - nach Landert - für **so**lidarische und **flex**ible Teilzeitarbeit.

2   TA 6.7.93

nehmung zeitlich degressiv auszugestalten, d.h sie würde
nach einer gewissen Zeit auf Null sinken. Landert will damit verhindern, dass langfristig nicht konkurrenzfähige
Arbeitsplätze "durchgeseucht" werden und SOFLEX-Arbeit
vor den Karren der schädlichen Strukturerhaltung gespannt
wird.

SOFLEX aus Sicht der Arbeitnehmer

Wie sieht die Rechnung aber für die Arbeitnehmer aus? Bei
80% Arbeit erhalten sie 90% ihres ursprünglichen Lohnes.
Per Saldo würde ihnen also nur rund 58% (14% von 24%)
ihres entgangenen Lohnes von der Arbeitslosenversicherung ersetzt. Im Vergleich zur normalen Kurzarbeit verzich-
tet das Personal zugunsten der Unternehmung und der
Arbeitslosenkasse auf einen Teil ihres Lohnes. Wie oben
dargelegt erhöhen Arbeitszeitverkürzungen die Kosten der
Unternehmen. Die zusätzliche Ersparnis für die Unternehmung erscheint uns deshalb als taugliches Mittel, die
Anreize zu kürzeren Arbeitszeiten statt Entlassungen zu erhöhen. Die Entlastung der Arbeitslosenversicherung auf
dem Buckel der betroffenen Arbeitnehmer – wie es Landert
vorschlägt - ist hingegen kein unbedingtes Muss, um die
Idee der Flexibilisierung in die Tat umzusetzen. Die Sorge
um das finanzielle Gleichgewicht unserer Arbeitslosenversicherung ist zwar nicht unbegründet und der Vorschlag
mag durchaus hehren politischen Motiven entspringen; es
fragt sich aber, ob die Akzeptanz bei den Arbeitnehmern
nicht erhöht werden könnte, wenn wie bis anhin 80% des
Einkommensausfalls gedeckt würden.

Dies erscheint uns umso mehr von Bedeutung zu sein, als
die Angestellten eine allfällige SOFLEX-Verkürzung der
Arbeitszeit nicht vollständig "aus freien Stücken" beschlies-

sen könnten, wie die Neue Zürcher Zeitung behauptet[1].
Richtig ist, dass die Unterzeichnung eines SOFLEX-Vertra-
ges für die Angestellten freiwillig wäre[2]. Ist er jedoch einmal unterzeichnet, so entscheidet allein die Arbeitgeberin,
ob SOFLEX-Verkürzungen durchgeführt werden oder
nicht. Zusätzlich gilt es zu bedenken, dass die Arbeitslosenversicherung (sowie Arbeitslosenhilfe und die Fürsorge-
ämter) mittelfristig so oder so entlastet würde, vorausgesetzt, der Vorschlag setzt sich in weiten Teilen der Wirtschaft durch. Würden nämlich Entlassungen in grossem
Stile verhindert, entgingen die Betroffenen dem Risiko,
lange arbeitslos oder gar zum Fürsorgefall zu werden. Dass
dieses Risiko tatsächlich vorhanden ist, wurde im Abschnitt
2.1 deutlich.

Zum besseren Verständnis im Vergleich zwischen SOFLEX
und herkömmlicher Kurzarbeit wollen wir hier ein einfaches Zahlenbeispiel anfügen. Das Monatseinkommen eines
Arbeitnehmers betrage 5'000.- und die Arbeitszeit werde
auf 80% der normalen Stunden reduziert.

1   Neue Zürcher Zeitung, 6. 7. 1993, Entlassungen - ein notwendiges
     Übel?

2   Vereinigung zur Erhaltung der Schweiz als Standort einer
     gesunden Wirtschaft (HELVETOEC), Die Schweiz ohne Arbeits-
     losigkeit, S. 20

Tabelle 5: Einfaches Zahlenbeispiel für das SOFLEX-Modell

	SOFLEX	Normale Kurzarbeit	Differenz
Arbeitgeberin			
Monatslohn 100%	5'000.-	5'000.-	
Lohnkosten bei 80%	3'800.-	4'000.-	200.-
Ersparnis	1'200.-	1'000.-	200.-
Ersparnis bei 5 mal 80% statt einer Entlassung	1'000.-	0.-	1'000.-
Arbeitnehmer			
Lohn bei 80% Kurzarbeit	4'500.-	4'800.-	300.-
Verlust Arbeitnehmer	500.-	200.-	300.-
Arbeitslosenversicherung			
Belastung Arbeitslosenversicherung	700.-	800.-	100.-

3.7 Die Angebotsseite: Sind die Arbeitnehmer zu kürzeren Arbeitszeiten bereit?

Bisher haben wir uns ausschliesslich mit der Nachfrageseite des Arbeitsmarktes befasst, d.h. mit den Arbeitgeberinnen. Was aber halten die Arbeitnehmer als Anbieter auf dem Arbeitsmarkt von einer Verkürzung der Arbeitszeit und wieviel ihres Einkommens sind sie eventuell bereit aufzugeben?

De gustibus non est disputandum
Im Grunde geht es bei der Wahl der gewünschten Arbeitszeit um das Abwägen zwischen zwei entgegengesetzten Ansprüchen: einem hohen Einkommen und gleichzeitig

möglichst viel Freizeit[1]. Was nützt einem eine riesige Lohn-
tüte, wenn man dafür Tag und Nacht arbeitet; muss man
hingegen jeden Fünfer umdrehen, bevor man ihn ausgibt,
so schränkt dies auch den Wert der Freizeit ein. Weil über
Geschmack bekanntlich nicht gestritten werden sollte, wird
diese Abwägung zwischen Einkommen und Freizeit bei
jeder Person anders ausfallen. Selbstverständlich spielt auch
eine Rolle, ob die Arbeit Spass oder gar Selbstverwirkli-
chung bedeutet oder ob man nichts sehnlicher erwartet als
das Klicken der Stechuhr am Feierabend.

Dies bedeutet, dass Arbeitszeiten zum Wohle aller individuell festgelegt werden sollten. Diese Forderung steht in einem sehr krassen Gegensatz zur Realität: Die meisten
Stellenangebote lassen den Bewerbern und Bewerberinnen
nur die Wahl zwischen "take it or leave it"[2]. Erfreulicher-
weise hat der Anteil der Teilzeitbeschäftigten in den letzten
Jahren stark zugenommen, vor allem bei den Frauen; es
braucht aber schon eine gehörige Portion Glück, einen Job
zu finden, der den eigenen Fähigkeiten entspricht und
gleichzeitig die gewünschte Arbeitszeit anbietet. Nachfol-
gend ist die Entwicklung des Anteils der Teilzeitbeschäftigten zwischen 1975 und 1991 abgebildet, gegliedert nach
Geschlecht und Wirtschaftssektoren.

---

1   Eine ausführlichere, leicht verständliche Darstellung dieses Prob-
    lems findet sich in Baltensberger und Brunner, S. 14 - 17
2   Killingsworth, S. 97

Graphik 9: Anteil der Teilzeitbeschäftigten am Total der Beschäftigten in der Schweiz für 1975, 1985 und 1991 nach Geschlecht und Wirtschaftssektoren.

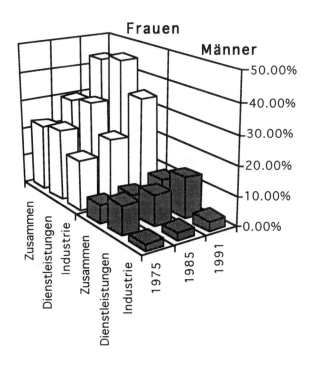

Quelle: Bundesamt für Statistik (1988 und 1993)

Das Gut Freizeit ist also nicht so frei wählbar, wie wir uns das bei den materiellen Gütern gewöhnt sind; die vielgepriesene Konsumentensouveränität ist in 'Sachen Freizeit stark eingeschränkt – natürlich nicht nur wegen der Inflexibilität auf dem Arbeitsmarkt[1].

---

[1]   Hier gibt es auch abweichende Standpunkte, so z.B. Franz, S. 21ff

Ob die Arbeitnehmer mit Arbeitszeitverkürzungen einverstanden sind oder nicht, hängt – im Lichte der ökonomischen Theorie – davon ab, für welche Arbeitszeit sie sich entschieden hätten, wären sie in ihrer jetzigen Stelle effektiv vor der freien Wahl der Arbeitszeit gestanden. Leute, die lieber noch mehr arbeiten würden (also Freizeit für mehr Einkommen hergeben möchten), werden sich gegen Verkürzungen der Arbeitszeit wehren; wer lieber weniger arbeitet, ist natürlich für die Verkürzung.

Was kann man nun über das Vehalten von verschiedenen Gruppen aussagen? Die Unterteilung in verschiedene Lohnklassen ist in der Ökonomie am naheliegendsten[1]. Der Lohnsatz hat zwei entgegengesetzte Wirkungen auf die gewünschte Arbeitszeit:

Leute mit hohem Lohnsatz werden tendenziell länger arbeiten wollen als solche mit kleinem Lohnsatz, da jede Stunde, die sie nicht arbeiten, ihnen einen höheren Einkommensverlust auferlegt. Dieses Mindereinkommen kann man auch als den Preis der Freizeit ansehen. In der Ökonomie nennt man ihn die Opportunitätskosten der Freizeit.

Auf der anderen Seite werden Leute mit höherem Lohn eine höhere Nachfrage nach Freizeit haben, schliesslich muss das verdiente Geld ja irgendwie sinnvoll ausgegeben werden. Die Freizeit verhält sich also wie die meisten "normalen" Güter und Dienstleistungen: Höheres Einkommen bedeutet eine höhere Nachfrage. Wir nennen dies den Einkommenseffekt.

Summa summarum ergibt sich folgendes Bild: Auf einem tiefen Einkommensniveau bewirkt ein Ansteigen des Stundenlohnes eine Erhöhung der gewünschten Arbeitsstunden, denn der Preis der Freizeit steigt. Der Einkommenseffekt

---

1   Einkommen aus anderen Quellen, zum Beispiel aus Kapitalerträgen, wird der Einfachheit halber, vernachlässigt.

spielt hier nur eine untergeordnete Rolle, weil der Wunsch
nach mehr Gütern viel stärker ist als der Wunsch nach mehr
Freizeit. Steigt der Lohnsatz weiter, so wird es einen Wen-
depunkt geben; oberhalb dieses "kritischen Lohnes" ist Einkommen im Überfluss vorhanden, man wünscht sich mehr
Freizeit, d.h. kürzere Arbeitszeiten. Hier dominiert der Einkommenseffekt, d.h. das steigende Lohneinkommen führt
zu einer höheren Nachfrage nach Freizeit.

**Graphik 10: Der Zusammenhang zwischen Stundenlohn und
gewünschter Arbeitszeit**

Um es auf einen Nenner zu bringen: Leute mit tiefen und
mittleren Löhnen werden Arbeitszeitverkürzungen tenden-

ziell ablehnen, Leute mit hohem Lohn werden sie eher begrüssen. Die obige Graphik 10 soll helfen, diesen nicht ganz einfachen Sachverhalt zu verstehen. Wir haben angenommen, dass für alle Arbeitnehmer dieselbe fixierte Arbeitszeit gilt. Diejenigen Gehaltsklassen, für die die Kurve der gewünschten Arbeitsstunden *rechts* der vertikalen Linie bei 42 Stunden verläuft, sind Gegner der Arbeitszeitverkürzung.

Leider (oder glücklicherweise) ist dies nicht der einzige Effekt, den es zu beachten gilt. Da Erwerbstätige mit höheren Löhnen meist die bessere Ausbildung oder betriebsinterne Bildung besitzen, werden sie in ihrer Arbeit normalerweise mehr Befriedigung finden und darum lieber arbeiten als ihre Kolleginnen und Kollegen mit tiefen Löhnen und kürzerer Ausbildung. Trotz hohen Löhnen werden solche Leute Arbeitszeitverkürzungen nicht unbedingt befürworten.

Voll erwerbstätige Frauen mit der bekannten Doppelbelastung in Familie und Beruf (und nach wie vor deutlich tieferen Löhnen als die Männer!) werden Arbeitszeitverkürzungen wohl eher befürworten. Dies darf allerdings nicht in dem Sinne interpretiert werden, dass diese Frauen eine Abneigung gegen ihre Erwerbsarbeit hätten. Vielmehr schätzen sie ihren Wert in der Familienarbeit sehr hoch ein. Man sieht, dass die Einflüsse vielschichtig sind und theoretische Vorhersagen über den Zusammenhang zwischen gewünschter Arbeitszeit und der Lohnhöhe erschweren. Die Kurve der gewünschten Arbeitszeit in Graphik 10 wird sich in den beschriebenen Fällen verschieben und/oder drehen, so dass Prognosen über die Akzeptanz von Arbeitszeitverkürzungen bei verschiedenen sozioökonomischen Gruppen schwierig werden.

Der TagesAnzeiger führte im April 1993 bei 700 Vollzeit-
beschäftigten im Alter zwischen 16 bis 62 Jahren eine Umfrage durch, um deren Einstellung zu Arbeitszeitverkürzungen in Erfahrung zu bringen[1]. Erfreulich ist das Ergebnis,
dass nur ein Drittel der Befragten Arbeitszeitverkürzungen
kategorisch ablehnen. 44% waren bereit (und weitere 20%
unter Umständen bereit), "weniger zu arbeiten und dafür
beim Einkommen Abstriche zu machen, so dass Arbeitslose
wieder zu einer Arbeit kommen"[2]. Auf ein konkretes Ange-

---

[1]   Tagesanzeiger, 30.4.93, S. 2, Umverteilung der Arbeit? - Schweiz
        dazu bereit

[2]   Inside, Nr.3/93, S. 19. Die Verknüpfung dieser Frage mit der
        Senkung der Arbeitslosenquote erscheint uns etwas problematisch,
        suggeriert sie doch von vorn herein eine bejahende Antwort auf
        die umstrittene Frage, ob Arbeitszeitverkürzungen die Beschäfti-
        gung erhöhen und damit unter Umständen das eigene Risiko, die
        Stelle zu verlieren, senken. Die Arbeitszeitverkürzung erhält so
        teilweise den Charakter eines öffentlichen Gutes und die Ant-
        worten widerspiegeln nicht mehr ausschliesslich die (eigentlich
        interessierenden) individuellen Präferenzen bezüglich der eigenen
        Verwendung der Zeit. Die erwähnten Antworten sind darum
        schwierig zu interpretieren. Selbst der Teil der Präferenz mit
        "öffentlich Gut"-Charakter ist schwierig zu fassen:
        Nehmen die Befragten an, dass die Arbeitszeitverkürzungen frei-
        willig wären, werden einige unter ihnen strategisch antworten, d.h
        sich als Befürworter ausgeben, obwohl sie im konkreten Fall sich
        nicht dazu bereit erklären würden. Dies wird dann der Fall sein,
        wenn sie davon ausgehen, dass die Umfrageergebnisse einen
        Einfluss auf die Arbeitszeitpolitik haben wird. Die Präferenz für
        das öffentliche Gut wird von den Befragten übertrieben und somit
        von der Umfrage überschätzt.
        Wird die Frage aber dahingehend interpretiert, dass alle
        Erwerbstätigen ihre Arbeitszeit zu verkürzen und auf einen Teil

bot – 10% weniger Arbeit und fünf Prozent Lohneinbusse – wären 52% der Arbeitnehmer im Angestelltenverhältnis gerne eingetreten, weitere 26% würden es "mit Mühe ak–zep–tieren".

Nicht unerwartet ist, dass 50% der Frauen und nur 31% der Männer kürzere Wochenarbeitszeiten bevorzugen würden. Umgekehrt würden sich mehr Männer (32%) als Frauen (15%) eine frühere Pensionierung wünschen, was angesichts des ungleichen Rentenalters nicht erstaunt.

Wichtig zu wissen wäre nun zusätzlich, wieviele Erwerbs-tätige ein für die Arbeitgeberinnen kostenneutrales Modell (d.h. eine proportionale oder sogar überproportionale Lohnverminderung) befürworten würden. In der Unter-suchung des TagesAnzeigers wurden die Befragten über die genaue Höhe des Lohnausgleiches entweder im Unklaren gelassen oder es wurde ihnen eine Variante mit unter-proportionaler Lohnkürzung vorgelegt. Aus früheren Um-fragen weiss man aber, dass die Bereitschaft zu Verkür-zungen stark abnimmt, wenn die Arbeitnehmer mit einem proportionalen Lohnausgleich konfrontiert werden. Im Jahr 1986 betrug der Anteil der Zustimmung zu einer solchen Variante in einem Schweizer Chemieunternehmen gerade 19,4%, während drei Viertel für eine Verkürzung waren, wenn der Lohnausgleich nicht explizit angesprochen wurde[1]. Sicherlich wären die Befürworter bei überpropor-tionaler Lohneinbusse noch stärker in der Minderzahl. Neuere Umfragen zu diesem Thema existieren in der Schweiz unseres Wissens nicht. Aufgrund des gestiegenen Lohnniveaus dürfte das Häufchen der Befürworter in der Zwischenzeit Zuwachs erhalten haben. Um wieviele Arbeit-

---

ihres Lohnes zu verzichten hätten, so geht die Präferenz für das öffentliche Gut im richtigen Ausmass in die Antwort ein.

[1]   Baillod et al. S. 30

nehmer es sich handelt, kann allerdings nur mittels neuen Umfragen ermittelt werden.

Wunsch nach zusammenhängender Freizeit
Weiter wäre in Erfahrung zu bringen, welche Art der Arbeitszeitverkürzung die Arbeitnehmer präferieren und inwiefern diese Wünsche mit den Vorstellungen der Arbeitgeberinnen übereinstimmen. Mehrere Umfragen in Schweizer Betrieben aus den Jahren 1983 bis 1987 deuten an, dass neben der Verkürzung der wöchentlichen Arbeitszeit vor allem der Wunsch nach längeren Ferien und bei älteren Arbeitnehmern die Vorziehung des Pensionsalters im Vordergrund steht. Innerhalb der wöchentlichen Arbeitszeit werden mehr Freitage, was die Verlängerung des Wochenendes ermöglichen würde, einer Verkürzung der täglichen Arbeitszeit eindeutig vorgezogen. Zusammenfassend besteht also auf seiten der Arbeitnehmer ein Bedürfnis nach mehr zusammenhängender Freizeit, sei dies nun in Form von Ferien oder verlängerten Wochenenden.

Interessant wären auch Informationen über die Akzeptanz des SOFLEX-Modells, also einer Flexibilisierung und nicht notwendigerweise einer definitiven Verkürzung der Arbeitszeit. Die empirische Forschung im Bereich des Arbeitsangebotes ist gefordert, diese Antworten so bald wie möglich zu geben.

Gefahren
Welche Gefahren lauern, wenn eine Verkürzung der Normalarbeitszeit gegen den Willen der Arbeitnehmer eingeführt wird? Die Arbeitnehmer werden versuchen, ihr Lohneinkommen, das tiefer als gewünscht ist, aufzubessern. Naheliegend ist zuerst einmal, dass die Gegner der Verkürzung freiwillig Überstunden leisten werden, sofern diese bezahlt werden. Es wurde oben schon ausgeführt, dass

Überstunden auch im Interesse der Arbeitgeberinnen liegen können, so dass uns diese Variante relativ wahrscheinlich erscheint. Ebenfalls möglich - wenn auch schwieriger und kostspieliger - sind Nebenbeschäftigungen aller Art, welche keiner Regulierung der Arbeitszeit unterliegen.

Eine weitere Variante besteht darin, dass die Arbeitnehmer ihre Aktivitäten teilweise in die Schattenwirtschaft verlagern. Als Schattenwirtschaft bezeichnen wir jenen Teil der Produktion, der statistisch nicht erfasst wird und darum nicht im Bruttosozialprodukt erscheint. Zuerst denkt man hier an die klassische Schwarzarbeit; hier werden weder Einkommenssteuern noch Sozialabgaben bezahlt. Schattenwirtschaft darf aber nicht mit Illegalität gleichgesetzt werden. Legale Formen der Schattenwirtschaft liegen beispielsweise dann vor, wenn die Fassade des Eigenheims selbst geweisselt wird, anstatt das Malergeschäft anzustellen. Auch im Haushalt sind verschiedene Substitutionsmöglichkeiten denkbar, mit denen Geld gespart wird und so Tätigkeiten vom marktlichen in den nicht marktlichen Sektor verschoben werden.
All diesen Ausweichmöglichkeiten der Arbeitnehmer ist gemeinsam, dass sie einen allfälligen positiven Beschäftigungseffekt der Arbeitszeitverkürzung abschwächen. Die Erfolgschancen einer generellen Arbeitszeitverkürzung sind also auch vom Arbeitsangebot her limitiert.

Abschliessend wollen wir einen anderen Einwand gegen Arbeitszeitverkürzungen nicht unwidersprochen lassen. Oft wird argumentiert, dass kürzere Arbeitszeiten das Arbeitsangebot erhöhen, indem bisher nicht erwerbstätige verheiratete Frauen nun ebenfalls auf den Arbeitsmarkt drängen; dadurch wird, so das Argument, die Arbeitslosigkeit stei-

gen[1]. Abgesehen von der gleichstellungspolitischen Frag-
würdigkeit ist diese Behauptung auch sachlich falsch: Sind
diese Frauen nur dem Arbeitsmarkt ferngeblieben, weil die
bisherigen hohen (und starren) Arbeitszeiten nicht mit
ihrem Engagement in Haushalt und Familie zu vereinbaren
waren, so waren sie eigentlich schon vorher – wenn auch
versteckt – arbeitslos.

---

[1]   Siehe z.B. Franz (1991), S. 44

4. SCHLUSSFOLGERUNGEN UND MASSNAHMEN

Grundsätzlich sollten sich die optimalen Arbeitszeiten (und gleichzeitig die Löhne) in einer Volkswirtschaft aus dem freien Zusammenspiel der verschiedenen Einflussfaktoren des Arbeitsangebotes und der Arbeitsnachfrage ergeben. Die Arbeitsanbieter - sprich die Arbeitnehmer - müssen zwischen ihren konkurrierenden Ansprüchen auf Einkommen und Freizeit abwägen. Für die Arbeitgeberinnen steht vor allem das Verhältnis von variablen zu fixen Kosten der Arbeit im Vordergrund. Generelle Arbeitszeitverkürzungen beinhalten deshalb die Gefahr, dass sie an den Wünschen der Marktteilnehmer vorbeizielen und damit Ausweichreaktionen auslösen, welche die erhofften positiven Beschäftigungsreaktionen beeinträchtigen, neutralisieren oder gar ins Gegenteil verkehren können. Während die Arbeitnehmer ihre Aktivitäten in die Schattenwirtschaft verlegen können, haben die Arbeitgeberinnen die Möglichkeit, auf Überstunden auszuweichen oder die Produktion einzuschränken. Längerfristig werden sie ihre Rationalisierungsanstrengungen verstärken. Als Hauptpfeiler einer aktiven Beschäftigungspolitik erscheinen uns generelle Verkürzungen der Arbeitszeit deshalb nicht geeignet.

Dies heisst nun aber keineswegs, dass die Arbeitszeiten kein Thema in der wirtschaftspolitischen Agenda sein sollten. Allein schon die enormen sozialen Kosten der Arbeitslosigkeit verlangen nach mehr Phantasie in der Beschäftigungspolitik. Unsere Diskussion hat klargemacht, dass Arbeitszeitverkürzungen zwei Bedingungen zu erfüllen haben, nämlich Individualität und zeitliche Flexibilität.

Individualität heisst, dass auf die Präferenzen der einzelnen Arbeitnehmer und die Kostenstruktur der einzelnen Unternehmen Rücksicht genommen werden muss. Flexibilität bedeutet, dass Arbeitszeiten mehr mit den Konjunkturzyklen schwanken sollten, das heisst kürzere Arbeitszeiten in der Rezession, längere Arbeitszeiten in der Hochkonjunktur. Dies ist bisher noch nicht in ausreichendem Masse geschehen, wie unsere Analyse der beiden letzten Rezessionen zeigte. Auch in der gegenwärtigen Krise scheinen die Arbeitgeberinnen eher nach Entlassungen zu greifen als Kurzarbeit einzuführen. Dieser riesige Spielraum muss endlich ausgenützt werden, indem flexible Arbeitszeiten für die Unternehmen attraktiver gemacht werden. Eine notwendige Bedingung dafür ist, dass die Arbeitskosten der Unternehmen ebenfalls flexibilisiert, d.h in Rezessionsphasen gesenkt werden. Für flexible Arbeitszeitverkürzungen darf ihnen deshalb kein vollständiger Lohnausgleich aufgebürdet werden. Hier ist die Kurzarbeitsversicherung gefragt, welche die ausfallenden Einkommen (teilweise) decken soll. Ohne diese soziale Abfederung birgt die zeitliche Flexibilisierung sozialen Sprengstoff: vor allem den Bezügern und Bezügerinnen von kleinen Einkommen wären starke Schwankungen ihrer Erwerbseinkünfte nicht zuzumuten. Die Kosten für deren Einkommensausgleich stellen nicht einfach eine weitere Umverteilung dar, sondern werden längerfristig für die ganze Gesellschaft Erträge abwerfen.

Generelle erzwungene Arbeitszeitverkürzungen sind also – auch ohne Lohnausgleich – kein verlässliches Mittel, die Arbeitslosigkeit zu senken. Nur in Ausnahmefällen werden damit Jobs geschaffen, Arbeitslose auf diese Weise von der Strasse geholt. Hingegen sind flexiblere Arbeitszeiten aus mehreren Gründen dringend notwendig. Sind die Arbeitszeiten über die Zeit flexibel, machen sie es möglich, einen vorübergehenden Einbruch der Güternachfrage mit Arbeitszeitreduktionen und entsprechenden Reduktionen der Lohnkosten für die Arbeitgeberinnen aufzufangen, anstatt mit Entlassungen. Arbeitslosigkeit soll gar nicht erst entstehen, Arbeitssuchende gar nicht erst zu Langzeitarbeitslosen werden. Aber dies ist nicht der einzige Grund. Arbeitszeiten müssen immer mehr auch personell flexibel sein: wenn die Menschen frei sein sollen, gemäss ihren Wünschen zu wählen, so müssen, für eine echte Wahl, auch verschiedene Möglichkeiten zur Wahl stehen. Diese Wahl soll sich nicht auf schwarz oder weiss, 45 Stunden Erwerbsarbeit pro Woche oder gar keine, beschränken. Es müssen alle (auch bunten!) Farben des Spektrums möglich sein: Sie 20 Stunden Erwerbsarbeit und er 25 Stunden Erwerbsarbeit oder sie 30 Stunden Büro und er 15 Stunden Fabrik. Es wären nicht nur weniger Leute arbeitslos, wir hätten auch mehr voneinander, mehr Frei- oder genauer *Sozial*zeit und weniger *lange* Zeit im Sinne von "Langeweile" sowie im Sinne von "Sehnsucht".

Auf einen kurzen Nenner gebracht lautet das Motto also: Anstatt entstandene Arbeitslosigkeit durch *generelle* Arbeitszeitverkürzungen zu bekämpfen, muss Arbeitslosigkeit durch *flexible* Arbeitszeiten in Zukunft verhindert werden.

Die heutigen Rahmenbedingungen sind flexiblen Arbeitszeiten jedoch nicht förderlich. Die folgenden Massnahmen sollen günstigere Bedingungen schaffen, sodass vermehrt Arbeitszeiten gesenkt – anstatt Leute entlassen werden – und im gleichen Zuge verschiedene Arbeitszeiten wählbar werden.

4.1 Senkung der fixen Kosten der Arbeit

Das Verhältnis der fixen Kosten pro Arbeitnehmer zu den Kosten pro Stunde Arbeit bestimmen für die Arbeitgeberin die Kombination von Arbeitsstunden und Anzahl Arbeitnehmer. Je grösser die fixen Kosten der Arbeit im Vergleich zu den Kosten pro Stunde , desto länger sind die von den

Arbeitgeberinnen gewünschten Arbeitszeiten und desto geringer die Anzahl eingestellter Personen. Es ist daher wichtig, die fixen Kosten, die bei einer Neueinstellung entstehen, möglichst klein zu halten. Wir haben bereits im Abschnitt "Spezifisches Humankapital" ausgeführt, dass sich die fixen Kosten in der EG in die andere Richtung bewegt haben. Für die Schweiz existieren keine Daten darüber, wie gross der Anteil der fixen an den gesamten Arbeitskosten ist[1].

Reorganisation des sozialen Versicherungssystems
Ein grosser Teil dieser Kosten besteht aus dem administrativen Aufwand, der der Arbeitgeberin durch die Erfordernisse der Sozialversicherungen und der beruflichen Vorsorge entsteht. Das Obligatorium der beruflichen Vorsorge wurde vor nicht allzu langer Zeit schon ab relativ kleinen Einkommen eingeführt. So müssen heute (1993) für jeden Arbeitnehmer mit einem Einkommen von 22'560 Franken pro Jahr und mehr, Beiträge an die Pensionskasse ausgerechnet, überwiesen und verwaltet werden. Diese Kosten sind von einiger Bedeutung. Zusätzlich zur erhöhenden Wirkung auf die Arbeitsstunden und zur senkenden Wirkung auf die Nachfrage nach der Anzahl der Arbeitskräfte, benachteiligen sie im Arbeitsmarkt vor allem die wenig qualifizierten Arbeitnehmer. Denn die Höhe der fixen Kosten pro Arbeitnehmer macht bei tiefen Löhnen anteilsmässig entsprechend mehr aus. Senkt man also die fixen Kosten der Arbeit, so begünstigt man Arbeitszeitverkürzungen an

---

1   Besonders interessant wären Angaben über die Kosten des Einarbeitens neueingestellter Arbeitskräfte, sowie der betriebsinternen Bildung. Diese Kategorie der Kosten, die man als Investitionen in betriebsspezifisches Humankapital bezeichnen kann, hat durchaus auch positive Wirkungen auf den Arbeitsmarkt. Siehe dazu Kapitel 3.2, "Betriebsspezifisches Wissen" sowie Schaad und Schellenbauer (1993)

Stelle von Entlassungen. In diesem Zusammenhang ist die Organisation unseres Systems der sozialen und vor allem der Alterssicherung zu überdenken. So ist neben der Zweiteilung in AHV und Pensionskasse, die selbst schon administrative Mehrkosten verursacht, die zweite Säule eigentlich ein Säulenwald. Die Zusammenlegung der vielen kleinen Pensionskassen zu grösseren Einheiten könnte die administrativen Kosten bei Neueinstellungen für die Arbeitgeberinnen und auch für den Arbeitnehmer erheblich verkleinern. Im weiteren ist hinlänglich bekannt, dass die nach wie vor fehlende Freizügigkeit, die Altersguthaben der Pensionskassen zur nächsten Stelle mitzunehmen, im Arbeitsmarkt eine erhebliche Mobilitätsbarriere darstellt. Eine Erhöhung des koordinierten Lohnes – des tiefsten noch der obligatorischen beruflichen Vorsorge unterstehenden Lohnes – mit einer gleichzeitigen Reform der AHV zur Kompensation könnte gerade bei den kleinen Einkommen, bei denen die fixen Einstellungskosten ins Gewicht fallen, die Entscheidungen der Arbeitgeberin wesentlich beeinflussen. Arbeitszeitverkürzungen anstatt Entlassungen als Reaktion auf Nachfrageeinbrüche wären für das Unternehmen einfacher durchzuführen.

Bildung, Weiterbildung und Umbildung
Wir haben in Kapitel 3.2 dargelegt, dass die wenig qualifizierten Arbeitskräfte tendenziell eingespart werden. Sie weisen das höchste Arbeitslosenrisiko auf und sind überdies schwer vermittelbar[1]. In Kapitel 3.1 haben wir über die kommende Gefahr der Langzeitarbeitslosigkeit und den mit ihr einhergehenden Zerfall des beruflichen Wissens geschrieben. Es wurde dort klar, wie wichtig das schweizerische Bildungssystem in Zukunft sein wird. Allgemeine Bildung, wie sie in Kursen und Schulen ausserhalb des Betrie-

---

1   Sheldon (1993), S. 107

bes vermittelt wird, erleichtert zusätzlich bei der nächsten
Stelle das Einarbeiten, das einen wesentlichen Teil der fixen
Kosten der Arbeit verursacht. Das Schulsystem muss den
Menschen mehr das Lernen beibringen als blosses Fakten-
wissen, oder konkrete berufliche Fertigkeiten. Diese veral-
ten mit dem technischen Forschritt immer schneller. Das alte Sprichwort "Man hat nie ausgelernt" war nie wahrer denn
heute. Bildung muss immer mehr ein Prozess der konstanten Weiterbildung während des Lebens sein.

Zum ersten heisst dies, dass kurzsichtige Sparübungen, wie
sie leider nun auch in der Schweiz im Bildungsbereich betrieben werden[1], auf jeden Fall vermieden werden sollten.
An der Bildung zu sparen, heisst Investitionen in die Zukunft zu unterlassen. Wie das bei Investitionen eben ist,
werden wir die Folgen erst später, dafür umso schmerzli-
cher fühlen. Unseren einzigen Rohstoff, menschliches Wissen, menschliche Fertigkeiten und menschliche Fähigkeiten,
verkommen zu lassen, ist uns selbst und noch viel mehr
kommenden Generationen gegenüber fahrlässig.
Zum zweiten müssen die Weiter- und Umbildungsanstren-
gungen im Rahmen der aktiven arbeitsmarktlichen Massnahmen ausgebaut werden. Heute ist der Anteil dieser
Massnahmen, die man früher "präventive Massnahmen"
nannte, an der Gesamtheit der Ausgaben der Arbeitslosenversicherung gering. So war ihr Anteil am gesamten Aufwand im Jahre 1992 lediglich 1,6%, während die Arbeitslo-
sen- und Kurzarbeitslosenentschädigungen 81,4% des Auf-
wandes beanspruchten. Die restlichen 17% setzen haupt-
sächlich aus den AHV/IV/EO-Beiträgen für die Arbeits-

---

[1]   So hat unter anderem das Bundesamt für Industrie, Gewerbe und
        Arbeit im Oktober 1993 die Unterstützung von Berufsbildungs-
        programmen um 39 Millionen Franken gekürzt. Vgl. NQ (5./6./7.
        11.1993), NQ (3.12.1993)

losen und Kurzarbeitenden, Schlechtwetterentschädigungen, Insolvenzentschädigungen, dem Zinsaufwand sowie aus Verwaltungskosten zusammen.

Graphik 11: **Prävention 1992 (Anteil der Ausgaben für präventive Massnahmen am Aufwand der Arbeitslosenversicherung)**

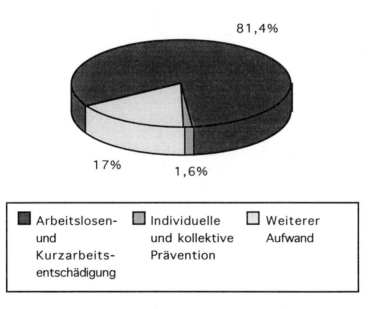

81,4%

17%   1,6%

| ■ Arbeitslosen- und Kurzarbeits- entschädigung | ▨ Individuelle und kollektive Prävention | ☐ Weiterer Aufwand |

Quelle: Provisorische konsolidierte Betriebsrechnung 1992, BIGA

Anstatt lediglich Taggelder auszubezahlen, sollten vermehrt Beiträge zur Aus-, Weiter- und Umbildung geleistet werden. Die zweite Teilrevision des Arbeitslosenversicherungsgesetzes geht in dieser Hinsicht in die richtige Richtung. Gerade Arbeitnehmer, deren berufliche Qualifikationen wegen technischen Fortschritts oder anderen Veränderungen nicht mehr oder weniger gefragt sind, sollten ihr berufliches Umsteigen mit dem Arbeitsamt planen können und in der Folge für ihre Umbildung finanziell unterstützt werden. So leisten die Ausgaben der ALV einen echten und langfristigen Beitrag zur Bekämpfung der Arbeitslosigkeit. Um die Dequalifizierung der Langzeitarbeitslosen, wie wir sie in Kapitel 3 ausgeführt haben, aufzuhalten, sind regelmässige Auffrischungskurse, wie sie verschiedentlich angeregt wurden, ein taugliches Mittel. Sie können zudem der drohenden Vereinsamung entgegenwirken, von der Langzeitarbeitslose häufig betroffen werden.

4.2 Arbeitslosenversicherung

Damit sind wir bei einer Institution angelangt, die einen eigenen Abschnitt verdient.

Grösseres Gewicht auf aktive arbeitsmarktliche Massnahmen
Wie erwähnt, ist es immer besser – und materiell und human billiger – vorzubeugen, als zu heilen. Hier heisst das mehr Gewicht auf aktive arbeitsmarktliche Massnahmen legen.

Keine weiteren Erhöhungen der Lohnprozente
Doch das ist nicht alles. Die Beitragssätze der Arbeitslosenversicherung wurden in der Vergangenheit laufend erhöht, und diese Erhöhungen sollen nun sogar gesetztlich festgeschrieben werden. Eine der ältesten Erkenntnisse in der Ökonomie ist jedoch, dass Produktionsfaktoren, wenn sie teurer werden, substituiert werden. Bei der Arbeit ist das nicht anders. In der Schweiz werden die Arbeitslosenversicherung und die AHV aber über Lohnprozente finanziert. Jede Erhöhung der Lohnprozente macht die Arbeit als Produktionsfaktor teurer. Man muss sich deshalb bewusst sein, dass Erhöhungen der Lohnprozente für die Arbeitslosen-

versicherung eine gewisse Boomerangwirkung haben. Je teurer die Arbeit (und zwar in diesem Fall bei gleichbleibender Produktivität), desto stärker wird sie durch Technik, Maschinen und Roboter ersetzt. Dennoch wird in der neuesten Revision des Arbeitslosenversicherungsgesetzes eine Vervierfachung des regulären Beitragssatzes vorgeschlagen, und der höchstmögliche Beitragssatz soll um die Hälfte erhöht werde. Gemäss Art. 4 Abs. 1 des Arbeitslosenversicherungsgesetzes (Stand Februar 1994) beträgt der reguläre Beitragssatz heute 0,5% des massgebenden Lohnes. Nach Art 4 Abs. 2 kann der Bundesrat den Beitragssatz bei Bedarf bis auf 2% erhöhen, was er im November 1992 gemacht hat. Im Entwurf der zweiten Teilrevision des Arbeitslosenversicherungsgesetzes, den der Bundesrat Ende November 1993 zuhanden der eidgenössischen Räte verabschiedet hat, wird ein regulärer Beitragsatz von 2% und ein Höchstbeitragssatz von 3% vorgeschlagen[1]. Trotz der gegenwärtig schwierigen finanziellen Lage der Arbeitslosenversicherung ist eine solche Massnahme als kurzsichtig und verfehlt zu bezeichnen. Anstatt immer wieder die Belastung des Produktionsfaktors Arbeit zu erhöhen, sollte überlegt werden, auf welche Weise auch andere Produktionsfaktoren zur Finanzierung der Sozialversicherungen herangezogen werden können. Insbesondere könnten – wie dies auch die BAK Konjunkturforschung Basel vorschlägt[2] – Mittel aus einer Energiesteuer oder einer Mehrwertsteuer zu diesem Zweck verwendet werden. Gesparter Energie wäre im Gegensatz zu eingesparter Arbeit sogar noch etwas positives abzugewinnen.

---

[1] Siehe Botschaft zur zweiten Teilrevision des Arbeitslosenversicherungsgesetzes (AVIG) vom 29. November 1993

[2] siehe NZZ Nr. 90 (20 April 1993)

Konjunkturpolitisch wäre es geboten, den Beitragssatz zur Arbeitslosenversicherung über die Zeit konstant zu belassen. In Rezessionsphasen bedeutet dies notwendigerweise eine Verschuldung der Arbeitslosenversicherung, in der Hochkonjunktur werden hingegen Überschüsse erzielt, sodass die Rechnung *langfristig* ausgeglichen wird. Diese Lösung hat den grossen Vorteil, dass der Wirtschaft in der Rezession nicht noch zusätzliche Kaufkraft entzogen und die Nachfrage damit weiter geschwächt wird; im Aufschwung wirkt sie einer Überhitzung der Konjunktur entgegen. Die Arbeitslosenversicherung wirkt so als automatischer Konjunkturstabilisator.

Im ersten Kapitel haben wir dargelegt, dass Arbeitslosigkeit nicht nur die Arbeitslosen betrifft. Arbeitslosigkeit zerrüttet die ganze Gesellschaft. Somit ist auch eine Finanzierung über allgemeine Mittel nicht abzuweisen[1]. Jedenfalls lässt sich sagen, dass fast alles andere besser ist, als die Arbeitslosenversicherung auf eine Weise zu finanzieren, die selbst Arbeitslosigkeit schafft.

Flexiblere Versicherungsformen

Wie wir im Abschnitt "Spezifisches Humankapital" ausgeführt haben, gibt es bereits heute eine Versicherung der Kurzarbeit. Die Idee dieser Regelung ist es, Entlassungen wegen kurzfristiger Nachfrageeinbrüchen durch eine Unterstützung von Kurzarbeit zu verhindern. Dabei ist der

---

1   Der Entwurf der zweiten Teilrevision des Arbeitslosenversicherungsgesetzes (AVIG) vom 29. November 1993 sieht in Art. 90 Abs. 2 bei ausserordentlichen Verhältnissen eine Unterstützung der Arbeitslosenversicherung durch Bund und Kantone von insgesamt 10% der Gesamtausgaben der Versicherung vor. Nach Art 90 Abs. 3 liegen ausserordentliche Verhältnisse vor, wenn der Beitragssatz 3% beträgt und die Beiträge mit den Reserven des Ausgleichsfonds nicht ausreichen, um die laufenden Verpflichtungen zu erfüllen.

ausfallende Lohn bei der Arbeitslosenversicherung versichert. Die heutige Kurzarbeitsregelung trägt aber dem Umstand nicht Rechnung, dass eine Arbeitszeitverkürzung die Personalkosten nur unterproportional senkt und kann so nicht kostenneutral durchgeführt werden.

Es gilt also Modelle auszuarbeiten, in denen der durch Arbeitszeitverkürzungen ausfallende Lohn und anfallende Kosten flexibler versichert sind. Ein Beispiel wäre hier das SOFLEX-Modell des Bülacher Industriellen Heinrich Landert, auf das wir im Abschnitt "Spezifisches Humankapital" eingegangen sind. Die Arbeitgeberin kann die Löhne für eine bestimmte Zeit überproportional zur gleichzeitig vorgenommenen Arbeitszeitreduktion senken. Der Lohnausfall des Arbeitnehmers ist dabei bei der Arbeitslosenversicherung versichert.

4.3 Alterssicherung

Wie erwähnt, senkt im Rahmen einer Reorganisation des sozialen Versicherungssystems eine Erhöhung des Koordinationsabzuges die fixen Kosten der Arbeit bei den Arbeitskräften mit tieferen Einkommen. Das Obligatorium der beruflichen Vorsorge sollte erst bei sehr viel höheren Einkommen einsetzen. Im gleichen Zug muss die AHV für die tieferen Einkommen ausgebaut werden. Man kann sich sogar fragen, ob das Obligatorium der 2. Säule nicht generell mit einem Ausbau der AHV ersetzt werden sollte.

Die Behinderung der beruflichen Mobilität durch die mangelnde Freizügigkeit der Pensionskassen muss ganz und ohne wenn und aber aufgehoben werden. Es handelt sich hier um eine Austrittsschranke aus der Arbeitslosigkeit, respektive Eintrittsschranke in eine neue Stelle, die wettbewerbsverzerrend und überdies ungerecht ist.

4.4 Ausländerpolitik

In der heutigen Ausländerpolitik bildet für ausländische Arbeitskräfte der Saisonnierstatus das Eingangstor zur Schweiz. Bei den Saisonarbeitern und -arbeiterinnen ist die Aufenthaltsdauer in der Schweiz beschränkt. Ebenso sind die Stellen, die Ihnen zur Auswahl stehen, beschränkt. Die Folge ist, dass vor allem unqualifizierte Arbeitskräfte in die Schweiz einwandern. Da ihr kurzes Verbleiben an der gleichen Stelle Bemühungen interner Bildung und sorgfältiger Einarbeitung verhindern, weisen Ausländer in der Folge ein höheres Arbeitslosenrisiko auf als Schweizer. Die Ausländerpolitik muss daher schrittweise liberalisiert werden. Die Aufhebung der Saisonnierregelung ist dabei nur ein erster Schritt.

ANHANG: WAS TUN GEGEN ARBEITSLOSIGKEIT? VERSCHIEDENE ORGANISATIONEN, VERSCHIEDENE ANSICHTEN

Was kann also getan werden, um die heutige Arbeitslosigkeit wieder zurückzubilden oder es nicht so weit kommen zu lassen wie in anderen Ländern? Denn in der Tat ist die Arbeitslosigkeit in den Ländern rund um die Schweiz abschreckend hoch.
Bei einigen Massnahmen zeichnet sich mindestens grundsätzliche Einigkeit ab. Bei anderen hingegen ist man sich uneins. In diesem Kapitel sollen die Standpunkte einiger wichtiger Institutionen kurz zusammengefasst werden. Wir haben bewusst eine enge Auswahl getroffen. Vollständigkeit ist nicht notwendig. Der Darstellung der Positionen der Sozialpartner wurde dabei Priorität eingeräumt.

Kommission für Konjunkturfragen

In ihrer Mitteilung vom 5. Juni 1992, in der die Kommission für Konjunkturfragen auf Massnahmen gegen die Arbeitslosigkeit eingeht[1], fasst sie sich recht kurz. Wie hoch die Sockelarbeitslosigkeit in Zukunft ausfallen werde, hänge wesentlich von den Rahmenbedingungen ab. Wichtig sei hier die Flexibilität des Arbeitsmarktes, vor allem ob alte Schwächen abgebaut werden können. Hierzu gehören gewisse Starrheiten in den Regelungen der Ausländer- und Ausländerinnenpolitik, mangelnde Freizügigkeit bei der 2. Säule und verschiedene Arbeitsverbote in der Industrie. Eine günstige Wirkung auf die Beschäftigung übt gemäss der Kommission für Konjunkturfragen eine weitere Förde-

---

[1] Kommision für Konjunkturfragen (1992)

rung der Qualifikationen der Arbeitnehmer aus. Hier wird
die Ausgestaltung der Arbeitslosenversicherung eine wichtige Rolle spielen. Die Kommission für Konjunkturfragen
lehnt staatliche Beschäftigungsprogramme ab, da sie in der
Vergangenheit wenig erfolgreich gewesen seien. Die Rahmenbedingungen der Wirtschaft insgesamt schaffen günstige Voraussetzungen, die Arbeitslosigkeit wieder abzu-
bauen: Förderung des Wettbewerbs, selektive Reduktion
der Regelungsdichte, Anpassung der Ausländer- und Ausländerinnenpolitik an die Bedürfnisse wettbewerbsstarker
Branchen, Abbau leistungshemmender Steuern, usw.

Sozialpartner

Christlichnationaler Gewerkschaftsbund der Schweiz (CNG)[1]
Obwohl die Meinungen der beiden Gewerkschaftsbünde
zum dringlichen Bundesbeschluss auseinandergingen, weichen ihre Ansichten wenig von einander ab. Die Nationalbank hat sich nicht nur dem Geldmengenziel zu widmen,
sondern auch die Konjunktur und damit die Beschäf-
tigungslage im Auge zu behalten. Der CNG ruft Bund und
Kantone auf, mindestens ihre Investitionsbudgets nicht zu
kürzen, da dies prozyklisch wirke. Die öffentliche Hand soll
ihrem verfassungsmässigen Auftrag nachkommen und für
eine ausgeglichene Konjunktur sorgen. Dies bedeutet, dass
in Rezessionszeiten Budgetdefizite zugunsten von Beschäf-
tigungsprogrammen in Kauf zu nehmen sind. Ganz wichtig
für den CNG sind Bildung, Weiterbildung und Umbildung.
Diese Massnahmen sind wichtiger als Beschäftigungsprogramme. Für die Finanzierung sieht der CNG hier die
Arbeitslosenversicherung oder auch die öffentliche Hand

---

[1]　Verschiedene Presseunterlagen des CNG, sowie NZZ Nr. 201 (31.
　　8. 93)

vor. Wie der SGB will auch der CNG die Arbeitszeiten ver-
kürzen. Der Produktivitätsfortschritt soll immer mehr in
weniger Arbeitsstunden fliessen. Das Ziel ist hier die 30-
Stunden-Woche. Die Innovationsfähigkeit der Wirtschaft
soll gefördert und die Rahmenbedingungen verbessert werden. Dazu gehört die Koordination der unterschiedlichen
Schulsysteme, volle Freizügigkeit in der beruflichen Vorsorge zur Förderung der Mobilität im Arbeitsmarkt und die
Abschaffung des Saisonnierstatuts.

Schweizerischer Gewerkschaftsbund (SGB)[1]
Der Schweizerische Gewerkschaftsbund betont die konjunkturelle Seite der gegenwärtigen Rezession und der damit
verbundenen Arbeitslosigkeit. Der Grund für die schlechte
Lage der Wirtschaft liegt in der mangelnden gesamtwirtschaftlichen Nachfrage. Diese ist zurückgegangen, weil die
Exportnachfrage durch die allgemein schwächere Weltwirtschaft kleiner geworden ist und weil die Schweizerische
Nationalbank zur Inflationsbekämpfung eine restriktive
Geldpolitik geführt hat. Der Staat wird zu einer aktiven Rolle in der Bekämpfung der Arbeitslosigkeit und in der Einlei-
tung des Wiederaufschwungs aufgerufen. Die Konjunktur
soll kurzfristig stimuliert werden. Damit sind unter anderem Investitionsförderungen wie Investitionsbonus für die
Gemeinden und eine Förderung des Wohnungsbaus gemeint. Ebenso soll sich der Bund verstärkt in der Technolo-
gieförderung engagieren und Risikokapital subventionie-
ren. Die Nationalbank soll neben der Geldwertstabilität
auch das Ziel der Vollbeschäftigung verfolgen.

---

[1]   Schweizerischer Gewerkschaftsbund (3. 1993), TA vom 14. 9. 1993,
       S. 33

Als wichtigste Massnahmen gegen die Arbeitslosigkeit schlägt der SGB Arbeitszeitverkürzungen und grössere Anstrengungen in der Bildung der Arbeitnehmer vor.

Die Arbeitszeitverkürzung soll bei den mittleren und oberen Einkommen auch mit vorübergehendem teilweisem Verzicht auf Lohnausgleich erfolgen. Die unteren Einkommen hingegen sollen gemäss SGB bei tieferer Arbeitszeit das gleiche Einkommen erhalten. Die wöchentliche Arbeitszeit ist so schrittweise auf 40, 38, 36 und schliesslich 34 Stunden zu reduzieren. Zu den Arbeitszeitverkürzungen gehören auch frühzeitige Pensionierungen. So sollen gemäss SGB Männer ab 62 und Frauen ab 59 Jahren ihre Stelle freiwillig zur Verfügung stellen können und dafür 80% ihres vorherigen Einkommens (bei Einkommen unter 48600 Fr. 90%) von der Arbeitslosenversicherung bekommen. Alle Formen der Arbeitszeitverkürzung, seien sinnvoll. Überstunden will der SGB durch doppelte Beiträge an die Arbeitslosenversicherung belasten.

Jedem Arbeitnehmer soll gesetzlich alle zwei Jahre ein bezahlter Bildungsurlaub von einer Woche zustehen. Dazu sollen für jeden bildungswilligen Erwachsenen – insbesondere die arbeitslosen – Kurse zur Verfügung stehen. Der SGB sieht in der Bildung und Weiterbildung ein wichtiges Instrument gegen die Arbeitslosigkeit, insbesondere die strukturelle. So sollen auch Erwachsene ihre Grundausbildung auf Kosten der Arbeitslosenversicherung nachholen können, wenn sie mindestens 10 Jahre erwerbstätig gewesen sind.

Was die Arbeitslosenunterstützung betrifft, so wendet sich der SGB gegen jede Kürzung der Leistungen. Auch soll die Grenze der Zumutbarkeit einer Stelle für einen Arbeitslosen nicht gesenkt werden. Muss ein Arbeitsloser dauerhaft einer Beschäftigung nachgehen, für die er überqualifiziert ist,

so entwertet sich dadurch sein Humankapital. Dies stelle
eine gesellschaftliche Verschwendung dar.

Zentralverband schweizerischer Arbeitgeber-Organisationen[1]
Für die Schweizer Arbeitgeberinnen ist die sogenannte Revitalisierung der Schweizer Wirtschaft die entscheidende
Massnahme gegen die Arbeitslosigkeit. Ihre Ansicht ist,
dass die Schweiz vor allem wieder konkurrenzfähig werden
muss. Damit betonen sie die strukturelle Komponente der
heutigen Rezession: Wir befinden uns unter anderem in einem schmerzlichen Strukturbereinigungsprozess; in den
Betrieben müssen technologische Anpassungen gemacht
werden, Immobilienpreise und Löhne müssen sinken und
dieser Prozess darf nicht behindert werden. Er muss von
den staatlichen Institutionen zum Teil unterstützt werden.
Dabei handelt es sich aber mehr um passive Massnahmen:
steuerliche Entlastungen der Unternehmen (so sollen z.B.
Aktionäre und deren Gesellschaft nicht mehr beide besteu-
ert werden), keine weiteren Erhöhungen der Lohnprozente
für die Finanzierung der Sozialversicherungen, Vereinfachung der administrativen Vorschriften der Sozialversicherungen und eine Beschränkung der Macht der Kartelle (eingeschlossen der staatlichen Monopole). Um erneut Arbeitsplätze zu schaffen, muss durch Verbesserungen der Rahmenbedingungen wieder ein Aufschwung herbeigeführt
werden.
Generell werden hier die Kosten des Faktors Arbeit angesprochen: die Löhne sind zu hoch, zuviel geht für die Sozialversicherungen weg, und die Pro-Kopf-Kosten der Arbeit müssen durch die Vereinfachung der Sozialversiche-
rungsvorschriften gesenkt werden.

---

1   Zentralverband schweizerischer Arbeitgeber-Organisationen (16. 4.
      1993), Reis (22. 4. 1993)

Arbeitszeitverkürzungen als Mittel der Beschäftigungspolitik könnten in Erwägung gezogen werden, falls diese für die Unternehmen kostenneutral sind. Die Beiträge wie die Leistungen der Arbeitslosenversicherung sind auf keinen Fall zu erhöhen. Ebenso müssen die Kriterien der Zumutbarkeit einer Stelle für einen Arbeitslosen gelockert werden. In schweren Zeiten muss auch eine Stelle angenommen werden, die vielleicht nicht ganz den Qualifikationen des Stellensuchenden entspricht.

Gegenüber Bildungsanstrengungen zur Überwindung der Arbeitslosigkeit sind die Arbeitgeberorganisationen im allgemeinen skeptisch. Jedoch schlagen sie Auffrischungskurse vor, in denen die Arbeitslosen alle 100 Tage ununterbrochener Arbeitslosigkeit ihr bisheriges Berufswissen wieder aktualisieren.
Konjunkturpolitische Subventionen und Investitionen, d.h. staatliche Ankurbelungsprogramme, lehnt der Zentralverband Schweizerischer Arbeitgeber-Organisationen ab. Hingegen spricht er sich klar für eine Verstetigung der öffentlichen Bauvorhaben aus: Die einmal geplanten Bauvorhaben sollen unabhängig von der Finanzlage durchgeführt werden.

Parteien

Christlichdemokratische Volkspartei (CVP)
Die CVP legte Ende August dieses Jahres ein umfassendes Programm zur Bekämpfung der Arbeitslosigkeit vor[1]. In diesem Programm fordert die CVP eine Verbesserung der Wettbewerbsfähigkeit der Schweiz, da hier die längerfristigen Ursachen der Sockelarbeitslosigkeit liegen. Staatliche

---

1   CVP (1993)

Regulierungen sollen, wo immer möglich, abgebaut werden. Im Kartellgesetz ist der Übergang vom Missbrauchsprinzip zum Verbotsprinzip zu vollziehen. Das heisst, dass Absprachen unter Unternehmen nur noch in Ausnahmefällen geduldet werden sollen. Ebenso soll eine Öffnung der Schweiz gegen aussen zur Förderung der Wettbewerbsfähigkeit beitragen. Beim Arbeitsmarkt setzt sich die CVP für Flexibilität und mehr Mobilität ein. Vorschriften, die die freie Berufsausübung verhindern, sollen, wo immer möglich, abgeschafft werden. In der beruflichen Vorsorge ist für Freizügigkeit zu sorgen. Um die geographische Mobilität zu fördern, sollen unterschiedliche Steuer- und Schulsysteme harmonisiert und im Wohnungsmarkt schrittweise zur Marktmiete übergegangen werden. In der Ausländer- und Ausländerinnenpolitik setzt sich die CVP für eine Abschaffung des Saisonnierstatuts ein. Ebenso muss bei einreisenden fremden Arbeitskräften vermehrt auf gute Qualifikationen Wert gelegt werden. Im Bildungsbereich setzt sich die CVP für eine weitreichende Reform ein. So sollen vor allem die akademischen Lehrgänge verkürzt und die Lehrpläne gestrafft werden. Die Langzeitarbeitslosen sollen ihr berufliches Wissen in kurzen, wiederholten Auffrischungskursen wieder à jour bringen können. Doch sollen ebenso geschützte Stellen für diejenigen geschaffen werden, die sonst nie mehr eine Stelle finden würden. In der Arbeitslosenversicherung soll die Schwelle der Zumutbarkeit einer Stelle für Arbeitssuchende überprüft werden. Doch will die CVP den Anreiz, eine neue Stelle zu finden, auch mit verstärkter Beratung vergrössern. Bei der CVP will man nur noch die tiefen Einkommen der obligatorischen Arbeitslosenversicherung unterwerfen und die Versicherung höherer Einkommen privaten Versicherern überlassen. Sie spricht sich gegen konjunkturpolitische Massnahmen sowie gegen Arbeitszeitverkürzungen aus. Auf der anderen Seite wendet sie sich gegen allgemeine Lohnkürzungen.

Freisinnig-Demokratische Partei (FDP)[1]

Für die FDP ist vor allem die "Revitalisierung" der Wirtschaft wichtig. Das bedeutet für diese Partei mehr Wettbewerb und weniger wettbewerbsbehindernde Kartelle. Im Vordergrund steht die Schaffung neuer Arbeitsplätze durch eine Öffnung gegen aussen. Eine übermässige Regeldichte auf allen Ebenen der Rechtsordnung muss abgebaut werden. Zur Förderung der Wettbewerbsfähigkeit der Schweiz empfahl die FDP, in der Volksabstimmung vom 28. November 1993 den Vorlagen zur Einführung der Mehrwertsteuer zuzustimmen. Arbeitszeitverkürzungen hält man nicht für ein geeignetes Mittel, der heutigen Arbeitslosigkeit beizukommen. Ebenso lehnt man bei der FDP staatliche Beschäftigungsprogramme als wirkungslos ab. Hingegen steht die FDP im Bildungsbereich für eine Verstärkung der Aus- und Weiterbildungsprogramme für die Arbeitslosen ein. Dabei sind auch spezielle Einsatzprogramme für Jugendliche zur Aneignung praktischer Fähigkeiten gemeint. Gleichzeitig wird eine Neudefinition der Zumutbarkeit der Arbeit im Sinne einer Lockerung der Zumutbarkeitskriterien bei der Arbeitslosenversicherung verlangt.

Sozialdemokratische Partei (SP)[2]

Bei der SP steht man für ein umfassendes Investitions- und Impulsprogramm und für eine aktive Konjunkturpolitik im allgemeinen ein. Dazu gehören Massnahmen wie die Förderung der energetischen Sanierung von Altbauten, ein Investitionsbonus für Kantone und Gemeinden (ein solcher Investitionsbonus in der Höhe von 200 Millionen Franken wurde im März 1993 vom Parlament verabschiedet) in rezessiven Phasen wie heute, eine Förderung des privaten Wohnungsbaus sowie Zinszuschüsse des Bundes an Risiko-

---

1   FDP (5. 1993)
2   SP (8. 1993)

kapital für eine begrenzte Dauer. Die Nationalbank hat ihr
Vermögen für eine antizyklische Geldpolitik einzusetzen. In
ihrer Arbeitsmarktpolitik im engeren Sinne setzt die SP auf
Arbeitszeitverkürzungen und Bildung. In diesem Rahmen
fordert die SP eine generelle Förderung der Bildung. Dazu
gehören unter anderem Ausbildungszuschüsse an arbeitslose Jugendliche: Jungen Arbeitslosen, die weniger als 30
Jahre alt sind, soll ermöglicht werden, Weiterbildungs- und
Sprachaufenthalte während eines Jahres im Ausland zu be-
suchen und dabei 50% des normalen Taggeldes der Arbeitslosenversicherung zu erhalten. Ebenso sollen die Möglichkeiten zur Weiterbildung für alle gefördert werden. Über
die Arbeitszeitverkürzungen will die SP eine gerechtere
Verteilung der Erwerbsarbeit und der Nichterwerbsarbeit
(Hausarbeit, Betreuungsarbeit) erreichen.

Schweizerische Volkspartei (SVP)[1]
Bei der SVP spricht man sich gegen Beschäftigungsprogramme und andere Eingriffe in den Arbeitsmarkt aus, da
man ihn weiterhin für voll funktionsfähig hält. Massnahmen seien jedoch im Bereich der Langzeitarbeitslosigkeit
angezeigt. Dabei denkt man an Weiterbildungs- und Um-
schulungsprogramme sowie an eine Erhöhung einerseits
der geographischen Mobilität mit Pendelkostenzuschüssen
und andererseits der beruflichen Mobilität mit Einarbei-
tungszuschüssen. Solche Massnahmen sind im Arbeitslo-
senversicherungsgesetz bereits vorgesehen; man denkt in
der SVP an eine Umschichtung der Mittel von den klassischen finanziellen Massnahmen (wie Taggelder) hin zu diesen mehr präventiven Massnahmen. Gleichzeitig sollte die
Definition der Zumutbarkeit einer neuen Stelle erweitert
werden.

---

1   SVP (15. 12. 1992), versch. Unterlagen des Pressedienstes der SVP

Forschungsanstalten

BAK Konjunkturforschung Basel [1]
Der Reduktion der Lebensarbeitszeit (frühzeitige Pensionierung) misst man bei der BAK die Fähigkeit einer gewissen Reduktion der Zahl der Arbeitslosen zu. Geld- oder fiskalpolitische Stimulierung der Konjunktur hingegen hält man nicht für sinnvoll. Auch die Weiterbildung der Arbeitslosen als Alternative zum blossen Bezug der Arbeitslosengelder nütze gegen die Arbeitslosigkeit nicht wirklich. Über Arbeitszeitreduktionen hat man sich in Basel differenziert geäussert. Die Verringerung der wöchentlichen oder – durch verlängerte Ferien – der jährlichen Arbeitszeit hat aber nur eine positive Beschäftigungswirkung, wenn diese durch überproportionale Lohnsenkungen kompensiert wird und freiwillig zustande kommt. Erfolg verspricht man sich aber von Änderungen der Anreize der Arbeitslosenversicherung. So sollen die Taggeldsätze lohnabhängig sein und mit zunehmendem Lohn abnehmen. Gleichzeitig soll die Bezugsobergrenze abgeschafft werden. Grosses Gewicht legt die BAK jedoch auf eine Senkung der relativen Lohnkosten. Der Faktor Arbeit sollte mit Sozialversicherungsabgaben weniger belastet werden. Dafür könnten Mehrerträge aus der Mehrwertsteuer oder einer Energiesteuer verwendet werden. Sehr wichtig sei die Schaffung günstigerer Bedingungen des Produktionsstandortes Schweiz. Die Wettbewerbsfähigkeit soll durch marktwirtschaftliche Erneuerung, insbesondere Deregulierungen, verbessert werden. Als Beispiele werden hier die Ladenöffnungszeiten und die Zulassungbestimmungen von Restaurationsstätten genannt.

---

1   NZZ Nr. 90 (20. 4. 1993)

Institut "CRÉA" de macroéconomie appliquée (CRÉA)
Obwohl man am Créa weit von sich weist, die Wunderkur
gegen das Übel der Arbeitslosigkeit gefunden zu haben, ist
man auf einen ganzen Katalog von Massnahmen eingegangen[1]. Es empfiehlt, den konsensgeleiteten Umgang unter
den Sozialpartnern beizubehalten. In der Arbeitslosenversicherung schlägt es eine Restrukturierung der Leistungen
vor. So stellen sie in rhetorischer Art die Frage, ob frisch ge-
backene Universitätsabsolvierende schon nach einem
Monat Arbeitssuche voll bezugsberechtigt sein sollen. Im
allgemeinen fordert man in Lausanne Leistungen, die mehr
dem Bedarf des Arbeitslosen entsprechen. Kriterien sollten
dabei Anhaltspunkte wie Alter und finanzielle Last der zu
unterhaltenden Familie sein. Auch sollten die Leistungen
nicht weiter ausgebaut werden. Insbesondere die
Verlängerung der Bezugsdauer hält man am Créa für
extrem schädlich. Im Gegenteil sollten die Leistungen
schneller und deutlicher zurückgehen, damit die
Arbeitslosen wirklich motiviert sind, eine Stelle zu finden.
Auf dem Gebiet der Ausländer- und Ausländerinnenpolitik
soll das Saisonnierstatut, das sowieso dem Tod geweiht sei,
abgeschafft werden. Der Arbeitszeit weisen die Leute vom
Créa keine eigene Rolle in der Bekämpfung der
Arbeitslosigkeit zu. Das generelle Senken des Pensionsalters
sei im Gegenteil sogar schädlich. Dagegen sei es von
Vorteil, das Ruhestandsalter zu flexibilisieren. In der
gleichen Art dürfe die Senkung der Wochenarbeitszeit nicht
im Zusammenhang mit der Bekämpfung der Arbeitslosigkeit erwogen werden. Bemerkenswert ist der Stellenwert,
den man am Lausanner Institut den kleinen und mittleren
Unternehmen (KMU) und den kleinen und ganz kleinen
Unternehmen in der Schöpfung von neuen Arbeitsplätzen
beimisst. In der Folge seien diese Unternehmen steuerlich

---

[1]   Régis Joly, Lambelet Jean-Christian, Tille Cédric (1993)

besser zu behandeln als die grossen. Auch sei den kleinen
Unternehmen der Zugang zu Risikokapital zu erleichtern.
Schliesslich empfiehlt man am Créa eine aktive Arbeitsmarktpolitik, ohne auf diese näher einzugehen. Hierunter
versteht man Massnahmen, die die Wiedereingliederung
der Arbeitslosen in die Arbeitswelt fördern, die die
Arbeitslosen zur Suche nach Arbeit motivieren und allgemein die Chancen im Arbeitsmarkt erhöhen. Hier zu gehören auch Weiterbildungskurse als Voraussetzung zum
Bezug von Arbeitslosenunterstützung.

*Konjunkturforschungsstelle der Eidgenössischen Technischen
Hochschule Zürich (KOF/ETH)*[1]
In ihrer Herbstprognose 1994/95 kommt die KOF/ETH
zum Schluss, dass sich die Schweizer Konjunktur zu erho-
len beginnt. Für die Jahre 1994 und 1995 sagt sie wieder ein
Wachstum des Bruttoinlandproduktes von 1.5% resp. 2.1%
voraus. Jedoch reicht dieses Wachstum nicht aus, um eine
durchgreifende Besserung im Arbeitsmarkt herbeizuführen.
Aus diesem Grund hält es die KOF/ETH für besonders
wichtig, dass der Effekt der anziehenden Konjunktur nicht
durch eine zu schnelle Sanierung der öffentlichen Haushalte oder eine stärkere Aufwertung des Schweizer Frankens
gefährdet wird. Sie stellt fest, dass die strukturellen Defizite
der öffentlichen Haushalte – also des Bundes, der Kantone
und der Gemeinden zusammen – in der Aufschwungphase
vor der gegenwärtigen Rezession und im ersten Jahr des
Abschwungs, 1991, entstanden sind. Mit "strukturell" oder
auch "diskretionär" bezeichnet man jenen Teil der Rech-
nungsergebnissse, der um die rein konjunkturell bedingten
Wirkungen auf Einnahmen und Ausgaben korrigiert ist.
Seit 1991 wirkt die Finanzpolitik, der öffentlichen Haushalte

---

1   KOF/ETH (26.3.1993), KOF/ETH (10.1993)

restriktiv. Bezieht man die Erhöhung der Beiträge an die Arbeitslosenversicherung mit ein, so errechnet die KOF/ETH auch für das Jahr 1994 trotz Impulsprogramm einen deutlich restriktiven Kurs. Die Finanzpolitik erweist sich – wie sie es auch in der Vergangenheit war – als prozyklisch. Angesichts der anhaltend hohen Unterauslastung des gesamtwirtschaftlichen Produktionspotentials, hält man dies an der KOF/ETH für problematisch.

LITERATURVERZEICHNIS

Baillod Jürg; Handbuch Arbeitszeit: Perspektiven, Probleme, Praxisbeispiele, Verlag der Fachvereine an den Schweizerischen Hochschulen und Techniken, Zürich 1989

Baltensberger Ernst und Brunner Karl: Arbeitszeitverkürzung - ein Mittel zur Bekämpfung der Arbeitslosigkeit? Problematik und Folgen, Forschungsgruppe für Wirtschafts- und Gesellschaftspolitik, Bern

Barwinski Fäh Rosmarie (1993): Arbeitslosigkeit macht krank, Widerspruch 25, Juni

Bauer Tobias: Die Gesamtarbeitsverträge in der Schweiz im Jahre 1992, Die Volkswirtschaft

Blanchard Olivier and Summers Lawrence H. (1986): Hysteresis and the European Unemployment Problem, NBER Macroeconomics Annual, Cambridge, MA in Summers Lawrence H. (1990): Understanding Unemployment, Cambridge MA, London England, S. 227-285

Bluestone Barry and Harrison Bennet (1982): The Deindustrialization of America, New York: Basic Books, Kapitel 3, zitiert nach Gordon Robert, J (1987): Macroeconomics, Fourth Edition, Boston, Toronto

Botschaft zur zweiten Teilrevision des Arbeitslosenversicherungsgesetzes (AVIG) vom 29. November 1993

Bundesamt für Statistik (1988): Eidgenössische Betriebszählung 1985, Erwerbsleben Band 6, Beschäftigte nach Heimat, Geschlecht und Arbeitszeit (Schweiz), Bern

Bundesamt für Statistik (1993): Eidgenössische Betriebszählung 1991, Gesamtdarstellung Schweiz 1985/91, Arbeitsstätten und Beschäftigte nach Wirtschaftsarten, Bern

Calmfors Lars und Hoel Michael (1988): Work Sharing and Overtime, Scandinavian Journal of Economics 90 (1), S. 45 - 62

Calmfors Lars und Hoel Michael (1989): Work Sharing, Employment and Shiftwork, Oxford Economic Papers 41, S. 758 - 773

Clottu José; Betriebsübliche Arbeitszeit, Grundlagen der Statistik und Ergebnisse 1984 - 1989, Die Volkswirtschaft, Nr. 9, 1989

CVP (1993): Arbeitslosigkeit muss nicht sein, Studiengruppe "Wirtschaft- und Finanz" der CVP Schweiz

Eidgenössisches Volkswirtschaftsdepartement (Hrsg.): Die Volkswirtschaft, verschiedene Ausgaben

Ermisch John F. und Wright Robert E.: Wage Offers and Full-Time and Part-Time Employment by British Women, The Journal of Human Resources, Vol. 28, Nr. 1, 1993

Franz Wolfgang (1991): Arbeitsökonomik, Springer, Berlin

Franz Wolgang (1993): Das Simsalabim der Sättigungstheoretiker, NZZ Nr. 118, 25. 5. 1993, S. 35

Freisinnig-Demokratische Partei (5. 1993): FDP – Wirtschaftsdossier, Bern

Frick Andres, Hollenstein Heinz (1989): Spörndli Erich, Kurzarbeitsentschädigung und Arbeitskräftehorten in der schweizerischen Industrie: eine Untersuchung anhand von Firmendaten für die Rezessionen 1974/76 und 1981/84, Bern, Haupt, (Publikation der Ausgleichsstelle für den Ausgleichsfonds der Arbeitslosenversicherung)

Gaillard Serge (1990): Lohn- und Angebotsflexibilität auf dem schweizerischen Arbeitsmarkt, eine empirische Untersuchung für den Industriebereich, KOF Arbeitspapier Nr. 29

Gaillard Serge (1992): Lohn- und Preisdynamik: Eine empirische Studie für die Schweiz, KOF Arbeitspapier Nr. 43

Gaillard Serge (1993): Arbeitszeitverkürzung rettet Arbeitsplätze, VPOD Zeitung des Schweiz. Verbandes des Personals öffentlicher Dienste, Nr. 9, 7. 5. 1993, S. 1

Hart Robert A. (1987): Working time and employment, London

Hart Robert A. und McGregor Peter G. (1988), The Returns to Labour Services in West German Manufacturing Industry, European Economic Review 32, S. 947 - 963

Ifo-Institut für Wirtschaftsforschung (1983): Gesamtwirtschaftliche Auswirkungen einer Verkürzung der Arbeitszeit, Studien zur Arbeitsmarktforschung, 3/I, München

Jost Roland: Schutz gegen Arbeitslosigkeit: das schweizerische Versicherungssystem, Die Volkswirtschaft 9, 1989

Killingsworth M. (1983): Labor Supply, Cambridge und London

Kraft Kornelius (1989): Arbeitsmarktflexibilität, Heidelberg, Physica-Verlag, Wirtschaftswissenschaftliche Beiträge, Band 77

Kraft Kornelius (1993): Arbeitszeitverkürzung, Beschäftigung und tatsächliche Arbeitszeit: Ergebnisse einer empirischen Untersuchung, Jahrbuch für Nationalökonomie und Statistik Band 206/3

Kommission für Konjunkturfragen (1992): Die Wirtschaftslage, 336. Mitteilung, Beilage zur "Volkwirtschaft" 7/92, Eidgenössisches Volkswirtschaftsdepartement

Konjunkturforschungsstelle der Eidgenössischen Technischen Hochschule Zürich (KOF/ETH) (26. 3. 1993): Konjunktur, Halbjahresbericht

Konjunkturforschungsstelle der Eidgenössischen Technischen Hochschule Zürich (KOF/ETH) (29. 9. 1993): Konjunktur, Halbjahresbericht

Konjunkturforschungsstelle der Eidgenössischen Technischen Hochschule Zürich (KOF/ETH) (10.1993): Konjunktur, Monatsbericht

Kugler Peter und Spycher Stefan (1992): Der Einfluss des Technologiewandels auf die Struktur der Arbeitsnachfrage in der Schweiz von 1950 - 1988, Schweizerische Zeitschrift für Volkswirtschaft und Statistik, Vol. 128, S. 617-641

Kugler Peter, Müller U. and Sheldon George (1989): Non-Neutral Technical change, Capital, White-Collar and Blue-Collar Labor: Some Empirical Results, Economic Letters 31, S. 91-94,

Kugler Peter, Müller U. und Sheldon George (1988): Struktur der Arbeitsnachfrage im technologischen Wandel. Eine empirische Analyse für die Bundesrepublik Deutschland, Weltwirtschaftliches Archiv, 124, S. 490-500

Kugler Peter, Müller U. und Sheldon George (1990): Technical Change and the Demand for Skills in West German Manufacturing, 1970 - 1984, in Matzner E. und Wagner M. (Hrsg): The Employment Impact of New Technology, Avebury, Aldershot and Gower, Brookfield, S. 85-95

Le Nouveau Quotidien (NQ) (29./30./31. 10. 1993): Volkswagen inaugure le partage du chômage, S. 3

NQ (5./6./7. 11.1993), S. 1, Coup bas: la Suisse ampute l'aide à la formation

NQ (3. 12. 1993), S. 11, "Le directeur de l'Ofiamt a complètement perdu les pédales"

Mayer Francine et Roy Paul-Martel (1991): La relation chômage-santé: une étude longitudinale, Canadian Journal of Economics 24, S. 551-562

Neifer-Dichmann Elisabeth (1991): Working Time Reductions in the Former Federal Republic of Germany: A dead end for employment policy, International Labour Review, Vol. 130, No. 4, S. 511 - 522

Neue Zürcher Zeitung (NZZ) Nr. 90, (20. 4. 1993): Anhaltende Sockelarbeitslosigkeit, Deregulierung zur Bekämpfung des Beschäftigungsabbaus, S. 35

NZZ Nr. 201 (31. 8. 93), Gespaltene Gewerkschaften in der Frage der Arbeitslosenversicherung, S. 21

NZZ Nr. 205 (4./5. 9. 1993): Entlassungen trotz hohen Bankgewinnen?, S. 39

NZZ Nr. 252 (29. 10. 1993): Viertagewoche bei Volkswagen?, S. 35

NZZ Nr. 276 (26. 11. 1993): Einigung über Viertagewoche bei Volkswagen, S. 33

OECD (1986): Flexibilität des Arbeitsmarktes, Paris

OECD (1993): Employment Outlook, July 1993, Paris

Osterloh Margit (1993): Innovation und Routine. Das organisatorische Dilemma in klassischer und neuer Sicht, Zeitschrift Führung + Organisation 4

Reis Hans (22. 4. 1993): Arbeitszeitverkürzung – kein Mittel gegen die Arbeitslosigkeit, Schweizerische Arbeitgeber-Zeitung, 16

Régis Joly, Lambelet Jean-Christian, Tille Cédric (1993): Origines et causes de la montée du chomage en Suisse, Institut 'Créa' de macroéconomie appliquée, Université de Lausanne

Schaad Jakob und Schellenbauer Patrik (1993): Spezifisches Humankapital, implizite Verträge und ausländische Arbeitskräfte, Schweizerische Zeitschrift für Volkswirtschaft und Statistik, Vol. 129, Nr. 3, S. 437 - 454

Schapiro Morton O. and Ahlburg Dennis A. (1982): Suicide: the ultimate cost of unemployment, Journal of Post Keynesian Economics 5

Schattat Bettina (1979): Arbeitszeitverkürzung - Problemanalyse und alternative Lösungsmöglichkeiten, ifo Studien zur Arbeitsmarktforschung 2, München

Schellenbauer Patrik und Merk Sabina (1994): Monetäre Bewertung der Haushalts-, Erziehungs- und Betreuungsarbeit, erscheint in der Reihe "Beiträge zur Arbeitsmarktpolitik", Bundesamt für Industrie, Gewerbe und Arbeit

Schweizerischer Gewerkschaftsbund: Arbeit, Bildung, Sicherheit – für alle, SGB-Programm zur Bekämpfung der Arbeitslosigkeit, Dokumentation Nr. 12, März 1993

Schweizerische Kreditanstalt (8. 1993): CS World Economy 2000, CS Economic Research, Arbeitslosigkeit

Seifert Hartmut (1991), Employment effects of working time reductions in the former Federal Republic of Germany, International Labour Review, Vol. 130, No. 4, S. 495 - 510

Sheldon George (1990): Dauerabhängigkeit der Vermittlungschancen der Arbeitslosen in der Schweiz, Schlussbericht zu einem Forschungsauftrag des Ausgleichsfonds der Arbeitslosenversicherung, vertreten durch das Bundesamt für Industrie, Gewerbe und Arbeit, mimeo

Sheldon George (1993): Konjunkturelle und strukturelle Aspekte des schweizerischen Arbeitsmarktes, Bundesamt für Konjunkturfragen Studie Nr. 16

Sozialdemokratische Partei (8. 1993): Mit radikalen Reformen die Zukunft gestalten, Entwurf eines Wirtschaftsprogrammes der SP-Schweiz für die Jahre 1993 bis 2005 erstellt von einer Arbeitsgruppe zuhanden des Parteivorstandes

Stalder Peter (1993): Hintergründe der Arbeitslosigkeit in der Schweiz, Konjunkturelle, strukturelle und friktionelle Ursachen, NZZ Nr. 111, 15./16. Mai

TagesAnzeiger (TA) (30. 4. 1993): Umverteilung der Arbeit? – Schweiz dazu bereit, S. 2

TA (14. 9. 1993): Ältere Arbeitnehmer sollen für Junge Stellen freimachen, S. 33

SVP (15. 12. 1992): BB über Massnahmen in der Arbeitslosenversicherung, Vernehmlassung der Schweizerischen Volkspartei

Vereinbarung in der Maschinenindustrie, Vertragsperiode 1. Juli 1993 - 30. Juni 1998

Zentralverband schweizerischer Arbeitgeber-Organisationen (16. 4. 1993): Arbeitslosigkeit – eine Herausforderung an Staat, Gesellschaft und Wirtschaft, Arbeitsgrundlage des Zentralverbandes schweizerischer Arbeitgeber-Organisationen vom 16. April 1993

Zweite Teilrevision des Arbeitslosenversicherungsgesetzes: Erläuterungen zum Revisionsentwurf (1993)

SCHWINDENDE ERWERBSARBEIT ALS CHANCE?[*]

Von Eberhard Ulich

In ihrem 1983 erschienenen Buch "Wie viel Arbeit braucht der Mensch" hat Marie JAHODA über die Bedeutung der Erwerbstätigkeit für die menschliche Existenz in unserer Gesellschaft festgestellt, dass trotz aller Veränderungen ihrer Struktur in den letzten zwei Jahrhunderten zwei Funktionen der Erwerbstätigkeit praktisch unverändert geblieben seien: "Zum einen ist sie das Mittel, durch das die grosse Mehrheit der Menschen ihren Lebensunterhalt verdient; und zum anderen zwingt sie, als ein unbeabsichtigtes Nebenprodukt ihrer Organisationsform, denjenigen, die daran beteiligt sind, bestimmte Kategorien der Erfahrung auf. Nämlich: Sie gibt dem wach erlebten Tag eine Zeitstruktur; sie erweitert die Bandbreite der sozialen Beziehungen über die oft stark emotional besetzten Beziehungen zur Familie und zur unmittelbaren Nachbarschaft hinaus; mittels Arbeitsteilung demonstriert sie, dass die Ziele und Leistungen eines Kollektivs diejenigen des Individuums transzendieren; sie weist einen sozialen Status zu und klärt die persönliche Identität; sie verlangt eine regelmässige Aktivität" (JAHODA 1983, 136)[1].

---

[*] Vorabdruck aus: ULICH, E. (1994): Arbeitspsychologie. 3. Auflage. Zürich: Verlag der Fachvereine, Stuttgart: Poeschel

[1] Marie JAHODA (geb. 1907), eine österreichische Psychologin, die vor den Nationalsozialisten nach England emigrieren musste, ist

Auch Sigmund FREUD hat - wenn auch nur in einer Fuss-
note - der Arbeitstätigkeit eine besondere Bedeutung zuge-
schrieben: "Keine andere Technik der Lebensführung bin-
det den einzelnen so fest an die Realität als die Betonung
der Arbeit, die ihn wenigstens in ein Stück der Realität, in
die menschliche Gemeinschaft sicher einfügt. Die Möglichkeit, ein starkes Ausmass libidinöser Komponenten, nar-
zisstische, aggressive und selbst erotische, auf die Berufs-
arbeit und auf die mit ihr verknüpften menschlichen
Beziehungen zu verschieben, leiht ihr einen Wert, der hinter ihrer Unerlässlichkeit zur Behauptung und Rechtfer-
tigung der Existenz in der Gesellschaft nicht zurücksteht"
(FREUD 1930; 1992, 78).

Zehn Jahre vor Marie Jahoda hatten die Autoren des Re-
ports 'Work in America' (1973, 4f.) zur Bedeutung der Arbeitstätigkeit für die menschliche Lebensgestaltung festgestellt: "...work plays a crucial and perhaps unparalleled psy-
chological role in the formation of self-esteem, identity and
a sense of order.... The workplace, generally, then, is one of
the major foci of personal evaluation".

Wenn der Teilnahme am Erwerbsleben in unserer Gesellschaft eine so existentielle Bedeutung zukommt: wie gehen
wir dann um mit einem "Problem, das den Verantwortlichen noch kaum ins Bewusstsein gedrungen ist", mit der
Möglichkeit nämlich, "dass uns die Arbeit ausgeht und wir
in Zukunft mit hoher struktureller Arbeitslosigkeit leben
müssen"? (SOMMER 1993, 1).

---

die Hauptautorin der 'klassischen' Studie über "Die Arbeitslosen
von Marienthal" (JAHODA, LAZARSFELD & ZEISEL 1933), in die
ein ganzes Dorf, dessen Bewohner während der Weltwirtschafts-
krise 1930 alle arbeitslos waren, einbezogen wurde.

Hier interessiert zunächst, ob unsere Gesellschaft mit diesem Problem wirklich so kurzfristig konfrontiert wurde, dass für "die Verantwortlichen" keine Möglichkeit bestand, sich rechtzeitig und grundsätzlich damit auseinanderzusetzen. Tatsächlich hat der französische Soziologe Georges FRIEDMANN in seinem Buch über "Die Zukunft der Arbeit" als Folge der abzusehenden technologischen Entwicklungen schon vor vier Jahrzehnten konstatiert: "In einem rationell geplanten, den technischen Möglichkeiten entsprechenden Produktions- und Verarbeitungssystem ... wird der Anteil des Menschen im Produktionsprozess fortschreitend bis auf einige Stunden am Tag vermindert werden können" (FRIEDMANN 1953, 300)[1].

Einige Jahre später stellt sich für FRIEDMANN (1959) "eine ernste Frage, auf die Freud als erster hingewiesen hat und die mit dem Fortschritt der Automation, schon heute und vor allem in den nächsten fünfzig Jahren, immer dringlicher wird." Ausgehend davon, dass der Arbeit eine entscheidende Rolle für das psychische Gleichgewicht des Menschen, für seine Integration in die Gesellschaft und seine physische und psychische Gesundheit zukommt, fragt FRIEDMANN (1959, 176): "Werden nicht unter diesem Gesichtspunkt die Verringerung des Anteils der Arbeit am menschlichen Leben und das fortschreitende Verschwinden der ausführenden Arbeit im Zuge der Automation sehr gefährliche Auswirkungen haben? Können die Tätigkeiten ausserhalb der Arbeit und vor allem während der eigentlichen Freizeit die Arbeit ablösen und ihre psychologische Funktion übernehmen? Verbürgt die Verlagerung des Schwerpunktes von Aktivität und persönlichem Einsatz auf die Freizeit den gleichen

---

1　Georges FRIEDMANN (1902-1977), einer der bedeutendsten französischen Industriesoziologen dieses Jahrhunderts, lehrte an der Sorbonne und beschäftigte sich insbesondere mit Fragen der Entfremdung in der Industrie und der industriellen Gesellschaft.

Gewinn, nämlich psychologische Kräfte, die denen aus der
beruflichen Arbeit vergleichbar wären? Was wird sich
ereignen, wenn eine zunehmende Anzahl von Menschen
nach und nach keine 'Arbeit' im traditionellen Sinne mehr
zu verrichten hat? Kann man von einer aktiven Freizeit
dieselbe ausgleichende Rolle im menschlichen Leben und
dieselbe Bedeutung für persönliche Entwicklung und
Bildung erwarten?"

Und schon vor mehr als einem Vierteljahrhundert hat auch
Hannah ARENDT (1967, 11 f.) festgestellt: "Was uns bevor-
steht, ist die Aussicht auf eine Arbeitsgesellschaft, der die
Arbeit ausgegangen ist, also die einzige Tätigkeit, auf die
sie sich noch versteht"[1] Daran anschliessend stellt sie die -
rhetorische - Frage: "Was könnte verhängnisvoller sein?"
Rund zehn Jahre später konstatiert der französische Philosoph André GORZ (1978; dtsch.1980, 126) "das Ende der
Epoche, in der die Arbeit Quelle allen Reichtums war". Die
Frage, die er anschliessend stellt, lautet indes ganz anders:
"Wären nicht alle besser dran, wenn jeder nicht mehr Geld,
sondern mehr Zeit hätte, um sich mehr um sein eigenes Leben und das der Gemeinschaft und seiner Kommune küm-
mern zu können?" (a.a.O., S. 131).
Wieder einige Jahre später - immerhin vor nunmehr einem
Jahrzehnt - äussert der Direktor des New Yorker Instituts
für Wirtschaftsanalysen und Nobelpreisträger für Wirtschaftswissenschaften, Wassily LEONTIEF die Überzeu-
gung, "dass wir bald vor der Wahl stehen werden zwischen
einer Situation, in der ein Teil der Arbeitskräfte voll beschäftigt ist, während die übrigen ganz ohne Arbeit sein
werden, oder einer Situation, in der die Beschäftigungsmög-

---

[1]   Hannah ARENDT (1906-1975), eine in Deutschland geborene
        Gesellschaftswissenschaftlerin, die 1933 zunächst nach Frankeich,
        dann in die USA emigrierte, lehrte später an Universitäten in
        Chicago und New York.

lichkeiten gleichmässig auf alle Angehörigen der erwerbstätigen Bevölkerung verteilt sind - was natürlich bedeutet, dass im Verlauf der Zeit die für die 'notwendige' Arbeit aufgewendete Zeit immer kürzer wird ..." (LEONTIEF
1983, 10). In diesem Zusammenhang ist dann die Rede von
einer Verkürzung der Arbeitszeit "auf drei oder vier Stunden täglich und drei oder vier Tage in der Woche ... neben
längerem Urlaub und früherem Ruhestand".

Im gleichen Jahr heisst es in der Einführung zum Bericht an
den Club of Rome "Der Weg ins 21. Jahrhundert": "Wir werden bald über so viel Freizeit verfügen, dass daraus entweder ernste Probleme für unsere Lebensgestaltung erwachsen
oder aber ungeheure Chancen für die Entfaltung unserer
Persönlichkeit und unserer Lebensqualität ..... Mit anderen
Worten: Arbeit wird zwar auch weiter unerlässlich bleiben,
... jedoch ihren Charakter als zentrale Lebensäusserung und
Grundbedürfnis des Menschen verlieren und gleichbe-
rechtigt neben anderen kulturellen Aktivitäten stehen, die
sich erst noch herausbilden müssen" (PECCEI 1983, 13f.). Im
gleichen Band fordert der polnische Philosoph Adam
SCHAFF (1983, 170 f.), "dass für eine nicht allzu ferne
Zukunft alternative Lösungsvorschläge ausgearbeitet werden, wie wir Arbeit im herkömmlichen Sinn durch Beschäf-
tigungen anderer Art ersetzen können, die geeignet sind,
die sinngebende Funktion der Arbeit für das Leben des Einzelnen zu ersetzen."

Zur gleichen Zeit äusserte DAHRENDORF (1983, 31) allerdings auch schon, dass "auf dem Weg zu einer Veränderung angesichts des Dilemmas der Arbeitsgesellschaft"
von den staatlichen Instanzen, den politischen Parteien
und den klassischen Grossorganisationen "sehr wenig" zu
erwarten sei. Seine Einschätzung gilt offensichtlich bis
heute. Dies ist umso überraschender, als zur gleichen Zeit
von der Kommission der Europäischen Gemeinschaft Zu-

kunftsszenarien - die sogenannten FAST-Szenarien (CCE
1983)[1] - vorgelegt worden waren und auch die Enquete-
Kommission des Deutschen Bundestages über den Jugendprotest im demokratischen Staat einen Schlussbericht
publiziert hatte, in dem es u.a. heisst: "Eine Prognose darüber, unter welchen Bedingungen und in welcher Form
Arbeit in den nächsten Jahren organisiert wird, scheint
kaum möglich. Wir können aber annehmen, dass durch
den Fortgang der Technik und der Automation Erwerbsarbeit weiter zurückgehen wird ..." (Deutscher Bundestag
1983, 92).

Die oben gestellte Frage, ob unsere Gesellschaft mit dem
Problem rapide abnehmender Möglichkeiten der Erwerbstätigkeit tatsächlich so kurzfristig konfrontiert worden ist,
wie es jetzt bisweilen den Anschein hat, lässt sich also ziemlich eindeutig beantworten. Auch die Sozialwissenschaften
dürften von dieser Entwicklung nicht völlig überrascht sein,
liegt doch auch hier seit rund zehn Jahren eine sehr diffe-
renzierte Auseinandersetzung über die "Strukturprobleme
und Zukunftsperspektiven der Arbeitsgesellschaft" vor
(OFFE 1984).
Auch in der Arbeitspsychologie, für die derartige Entwicklungen naturgemäss höchst bedeutsam sein müssen, gab es
zu dieser Zeit vereinzelte Positionsbestimmungen und Ver-
suche, Fragmente eines Szenarios für die Umverteilung von
Erwerbsarbeit zu formulieren (vgl. Kasten 1).

---

[1]   Ausgehend von den FAST-Szenarien entwickelte LUTZ (1984) drei
        eigene Szenarien, die er folgendermassen bezeichnete: (1) Das
        Durchwursteln, (2) Die hyperindustrielle Informationsgesellschaft,
        (3) Die Gesellschaft des qualitativen Wachstums. Diese Szenarien
        haben ebenso wie die von GORZ (1980, 1983) hohen Anregungs-
        gehalt.

Arbeit in der Zukunft - Fragmente zu einem
Szenario (aus: ULICH 1984)

"Das Szenario 21 - ein Szenario, das ins 21. Jahrhundert hineinreicht - besteht aus sechs Annahmen, die je für sich plausibel erscheinen, aber natürlich keine absolute Voraussagesicherheit beanspruchen können. Die erste Annahme *betrifft die Entwicklung der Produktivität und besagt, dass die Produktivität in den nächsten zwei Jahrzehnten im Durchschnitt unserer Wirtschaft um zwei bis drei Prozent steigen wird. Diese Annahme stimmt mit etlichen Prognosen überein: so nimmt z.B. HOFMEISTER (1982) jährliche Produktivitätszuwachsraten von 4 bis 5 Prozent für den Fertigungsbereich und von etwa zwei Prozent für den Bürobereich an ..... Offensichtlich ist, dass der Produktivitätszuwachs von Branche zu Branche verschieden ist; gesamthaft ist es aber nicht unsinnig, von einem durchschnittlichen Zuwachs der Produktivität von 50 bis 65 Prozent - oder mehr - innerhalb der nächsten zwanzig Jahre auszugehen. Die zweite Annahme muss natürlich das Wachstum betreffen. Sich hier in vergleichbarer Weise festzulegen, ist nach Meinung renommierter Volkswirtschaftler ausserordentlich schwierig. Übereinstimmung scheint jedoch dahingehend zu bestehen, dass das Wachstum nicht mehr in dem uns aus den ersten Jahrzehnten nach dem zweiten Weltkrieg vertrauten Masse zunehmen wird. Vielmehr ist offenbar mit Wachstumsraten zu rechnen, die viel zu gering sind, um die steigende Produktivität bei sonst unveränderten Bedingungen 'aufzunehmen'.* Die dritte Annahme *besagt, dass die entstandene und möglicherweise zunehmende Divergenz zwischen Produktivität und Wachstum bei sonst unveränderten Bedingungen Freisetzungseffekte, und das heisst: zunehmende Arbeitslosigkeit zur Folge hat. Damit entsteht u.a. die Frage nach den Folgen einer Teilung der Gesellschaft in*

*'Arbeitsbesitzer' und Arbeitslose. Ohne dieser Frage hier im
einzelnen nachzugehen, muss doch darauf hingewiesen werden, dass Arbeitslosigkeit für Menschen, die Arbeit haben
wollen, u.U. schweres psychisches Leid oder sogar
Erkrankung zur Folge haben kann ... und dass
Arbeitslosigkeit schliesslich auch eine erhebliche volkswirt-
schaftliche Belastung darstellt .....* Die vierte Annahme
*geht davon aus, dass alle, die Arbeit haben wollen, auch
Arbeit erhalten können sollen. Dieses Postulat wird auf längere Sicht gesehen vermutlich nur durch neue Formen der
Umverteilung von Arbeit eingelöst werden können. Dies
könnte in der Konsequenz heissen, dass in zwanzig Jahren
im Durchschnitt möglicherweise nur noch 25 Stunden in
der Woche gearbeitet wird und dass in Zukunft Produktivitätsfortschritt nicht mehr ohne weiteres in
Reallohnerhöhung weitergegeben wird, sondern in
Freizeitvermehrung oder zumindest im Angebot einer Zeit-
/Lohn-Option ..... Die Streuung der tatsächlichen Arbeitszeiten - und ihre Ansiedlung in den unterschiedlichen
Lebensphasen - dürfte wesentlich grösser sein als derzeit.*
Die fünfte Annahme *legt nahe, dass mit der Verkürzung
der Lohnarbeitszeit Arbeitstätigkeiten ausserhalb der Lohnarbeit an Bedeutung gewinnen werden. So ist z.B. denkbar,
dass Bürger in ihren Quartieren bzw. Gemeinden
bestimmte gesellschaftlich nützliche Tätigkeiten übernehmen, die bisher nicht, nur ungenügend und/oder von
öffentlichen Institutionen wahrgenommen wurden. "Jobs in
this area tend to be of high quality and to promote personal
growth"* (TRIST 1981, 52). *Man kann sich eine Vielfalt
solcher Tätigkeiten vorstellen, wie etwa die Fürsorge für
alte oder kranke Menschen.* Die sechste Annahme
*schliesslich ... geht davon aus, dass der rasche Wechsel von
Produkten und Produktionsprozessen ein hohes Mass an
Flexibilität erforderlich macht. Die benötigte Flexibilität
betrifft sowohl die technologischen Ressourcen als auch die*

Humanressourcen. Um letztere weiter zu entwickeln und die entsprechenden Qualifikationen zu erhalten, wird es erforderlich sein, unseren traditionellen linearen Lebensplan mit der Aufteilung in die drei Phasen der Ausbildung, der Berufsausübung und des Ruhestandes zu revidieren. So werden wir beispielsweise viel weitergehend als bisher dazu übergehen müssen, die Phase der Berufsausübung zu durchmischen mit Elementen des Lernens und der Fortbildung ...." (ULICH 1984, 102 ff.).

Modellrechnungen, wie sie etwa von STRAHM (1987) für die schweizerische Wirtschaft angestellt wurden, unterstützen insbesondere die erste und die vierte Annahme (vgl. Tabelle 1). STRAHM (1987, 74) weist darauf hin, dass diese Betrachtung natürlich "rein rechnerisch und schematisch" sei und dass sich die Entwicklung "irgendwo zwischen den beiden Modellen einpendeln" wird[1].

---

[1]   STRAHM hat sich im übrigen zu einer in diesem Zusammenhang grundlegenden Frage unmissverständlich geäussert: "Die Aussage, Arbeitszeitverkürzungen ohne Reallohnsenkungen seien 'untragbar' oder 'schädlich', ist ökonomisch falsch. Es kommt immer darauf an, ob die Arbeitszeitverkürzung mit dem Produktivitätsfortschritt finanziert werden kann oder nicht" (STRAHM 1987, 77).

Tabelle 1: Zeitreihen für die Veränderung der Produktion bei gleichbleibender Arbeitszeit (I) bzw. der Arbeitszeit bei gleichbleibender Produktion (II) bei einer durchschnittlichen Produktivitätssteigerung von 2.5 Prozent pro Jahr von 1985 bis 2005 (aus: STRAHM 1987).

	Modell I: Arbeitszeit konstant Produktion in %	Modell II: Produktion konstant Arbeitszeit in Wochenstunden
1985	100	43
1986	102.5	41.9
1987	105	40.9
1988	107.6	39.9
2005	164	26

Tatsächlich hat es im Jahre 1993 bereits einige Entwicklungen in die hier skizzierte Richtung gegeben. Die Einführung der Viertagewoche mit einer Reduzierung der wöchentlichen Arbeitszeit auf unter dreissig Stunden bei VW gehört ebenso dazu wie die Entwicklung eines sogenannten Blockmodells, das nur acht bis neun Arbeitsmonate pro Jahr vorsieht mit der Absicht, die restliche Zeit vor allem auch für Qualifizierungsmassnahmen zu nutzen. In Dänemark ist mit dem 1. Januar 1994 ein Gesetz in Kraft getreten, das jeder und jedem seit mindestens drei Jahren in einer festen Anstellung Beschäftigten das Recht auf ein Jahr bezahlter Freistellung von der Erwerbstätigkeit gibt. Die Finanzierung wird von der staatlichen Arbeitslosenkasse übernommen, sofern während dieser Zeit eine arbeitslose Person eingestellt wird. Weitere Überlegungen betreffen ein "Vier-statt-drei"-Modell: Drei Erwerbstätige teilen ihre Vollzeitstellen mit einem bzw. einer Arbeitslosen; die drei Saläre und die monatliche Arbeitslosenentschädigung werden zu gleichen Teilen auf alle vier Personen, für die jeweils jede vierte Arbeitswoche frei ist, aufgeteilt.

Schliesslich hat LUTZ (1986), ausgehend von ähnlichen Modellrechnungen ein fiktives Zeitbudget erstellt, in dem neben der Reduzierung der Zeit für die Erwerbstätigkeit vor allem die Verschiebungen in den Bereichen Eigenarbeit, Selbstversorgung, passive Unterhaltung, Weiterbildung und soziale Aktivitäten auffallen (vgl. Tabelle 2).

Tabelle 2: **Das durchschnittliche Zeitbudget in den Jahren 1986 und 2006 (aus: LUTZ 1986).**

Tätigkeit	*Annahme*		*Std.zahl/Jahr*	
	1986	2006	1986	2006
1. Schlafen	8 h/Tg.	8 h/Tg.	2920	2920
2. Essen, Geselligkeit	16 h/Wo	20 h/Wo	800	1000
3. Kindererziehung, (soweit nicht in 2 enthalten)	5 h/AW	7 h/AW	250	330
4. Haushalt, Eigenarbeit, Hobby, Selbstversorgung	16 h/AW	26 h/AW	800	1200
5. Erwerbstätigkeit			1800	1000
6. Arbeitsweg	1 1/2h /Tag	1 h[*]	370	190
7. Passive Unterhaltung	21 h/AW	9,0 h/AW	1030	420
8. Reisen/Ferien (ohne 1 und & 2)	21 Tg/J	35 Tg/J	290	460
9. Weiterbildung, persönl. Weiterentwicklung	1 h/AW	7 h/AW	50	320
10. Kultur, Politik, soziale Unterhaltg., soweit nicht unter 4)	9 h/AW	19,5 h/AW	450	920
Total			8760	8760

h = Stunde AW = Arbeitswoche J = Jahr
[*] *An durchschnittlich weniger Tagen*

Der Autor weist ausdrücklich darauf hin, dass es sich bei den in Tabelle 8.9 aufgeführten Zeitangaben nur um Durchschnittswerte handelt, "denn mit zunehmender Eigenständigkeit und zunehmenden Gestaltungsfreiräumen steigt auch der Differenzierungsgrad" (LUTZ 1986, 67).

Für unsere Überlegungen ist es nicht entscheidend, ob die hier skizzierten Annahmen innerhalb von zehn, fünfzehn oder zwanzig Jahren Realität werden und ob die durchschnittliche wöchentliche Arbeitszeit schliesslich 24, 26 oder 28 Stunden beträgt. Entscheidend ist vielmehr, dass wir uns - und die nachfolgenden Generationen - auf die Möglichkeit vorbereiten müssen, dass die Erwerbstätigkeit zunächst rein quantitativ erheblich an Bedeutung verliert. Schon in den siebziger Jahren wurden deshalb Vorschläge erarbeitet, die darauf hinauslaufen, bezahlte Erwerbstätigkeit zu rationieren[1] (z.B. SACHS 1978) oder eine "Duale Ökonomie" einzuführen mit bezahlter Erwerbtätigkeit einerseits und gesellschaftlich nützlichen bzw. notwendigen Aktivitäten andererseits (z.B. ROBERTSON 1978, GORZ 1983). Nach der Auffassung von TRIST (1981) sind gerade die letzteren eher anspruchsvoll und mit Chancen der Persönlichkeitsentwicklung verbunden.

GORZ hat in seine 'dualistische Utopie' einen interessanten Vorschlag eingebracht: "Nach der obligatorischen Schulzeit werde jeder während fünf Jahren zwanzig Wochenstunden gesellschaftlicher Arbeit ableisten, die zu einem ungeschmälerten Einkommen berechtigen, und zugleich nach seiner Wahl studieren oder einen Beruf erlernen. Die gesellschaftliche Arbeit müsse in einem oder in mehreren der folgenden vier Sek-

---

[1] wobei in bestimmten Grenzen die Möglichkeit bestehen soll, dass jene, die mehr 'arbeiten' wollen, jenen die weniger arbeiten wollen, Bezugsrechte abkaufen können.

toren abgeleistet werden: Landwirtschaft; Schwerindustrie und Bergwerk; Bau, öffentliche Arbeiten und Hygiene; Kranken-, Alten- und Kinderpflege.

Kein Student-Arbeiter ... werde gezwungen, mehr als drei Monate hintereinander schwere Arbeit wie die eines Strassenkehrers, Krankenpflegers, Hilfsarbeiters zu verrichten. Doch müsse jedermann bis zum 45. Lebensjahr solche Aufgaben mindestens zwölf Tage im Jahr erfüllen" (GORZ 1977; dtsch. 1980, 159f.)[1] Derartigen Überlegungen kommt auch deshalb eine besondere Bedeutung zu, weil mit der zunehmenden Individualisierung der Lebensstile die Bedeutung und Erfahrung sozialer Unterstützung und solidarischen Verhaltens immer schwerer vermittelbar wird. Andere Überlegungen gehen dahin, dass man sich durch Ausübung von Pflegetätigkeiten über eine zu definierende Zeit das Anrecht erwirbt, später gegebenenfalls selbst gepflegt zu werden.

Im übrigen weist TRIST - wie vor ihm schon GORZ - darauf hin, dass die Übernahme solcher Tätigkeiten dazu führen kann, dass hoch arbeitsteilige Erwerbsarbeit leichter ertragen wird - dass sie aber gerade umgekehrt auch zu einer Verstärkung der Wünsche nach herausfordernder und interessanter Arbeit führen kann. Weitergehende Auswirkungen könnten eine Abnahme des zentralen Stellenwerts der Erwerbstätigkeit sowie der Karriere- und Statusambitionen sein.
Wenn es denn richtig ist, dass die Arbeit eine grundlegende menschliche Lebensäusserung und neben der Spiel- und der Lerntätigkeit eine Grundform der Lebenstätigkeit des Menschen darstellt, dann muss jede grundlegende Veränderung

---

1   Derartigen Überlegungen kommt auch deshalb eine besondere Bedeutung zu, weil mit der zunehmenden Individualisierung der Lebensstile die Bedeutung und Erfahrung sozialer Unterstützung und solidarischen Verhaltens immer schwerer vermittelbar wird.

menschlicher Arbeitstätigkeit zur Veränderung des menschlichen Lebens überhaupt führen. Dies gilt vor allem dann, wenn wir annehmen, dass in den verschiedenen Lebensphasen unterschiedliche Tätigkeiten dominieren und dass die Arbeitstätigkeit bisher und noch immer die in der Phase des Berufslebens dominierende Tätigkeitsform gewesen ist. Folgen wir RUBINSTEIN (1977, 108), so hängt die Eigenart der psychologischen Seite der Arbeitstätigkeit in erster Linie davon ab, dass die Arbeit ihrem objektiven, gesellschaftlichen Wesen nach eine Tätigkeit ist, die auf die Erzeugung eines gesellschaftlich nützlichen Produktes gerichtet ist." "Arbeiten heisst" - so RUBINSTEIN (1977, 709) im gleichen Zusammenhang - "sich in seinen Arbeitsprodukten objektivieren, sein eigenes Dasein bereichern und erweitern, Schöpfer und Gestalter sein".

Wir müssen hier nicht prüfen, für welche heutzutage vorfindbaren Arbeitstätigkeiten wir die Formulierungen von Rubinstein zu akzeptieren bereit sind.

"There will be more choices in lifestyles, more types of career path open. Allied to this is a reassessment of the household as a work field that reflects the changing roles of men and women in the domestic socio-technical system and the links of this system with outside employment. The divorce between home and work, which has been so complete in industrial societies, may be less complete in the postindustrial order" (TRIST 1981, 52).[1] In diesem Zusammenhang sind weitere arbeitspsychologische Beiträge zur Analyse und Bewertung von Reproduktionsarbeit, wie sie zuerst von RESCH (1991) vorgelegt wurden, dringend erforderlich. "Hierzu gehört es, dass auch in der Haus- und Familienarbeit solche Aspekte konkret untersucht werden, die für die arbeitende Person bedeutsam sind und ihre Entwicklung mehr oder weniger fördern bzw. behindern" (RESCH und RUMMEL 1993, 65).

---

[1]   Ein ähnlicher Hinweis findet sich bei SCHELBERT-SYFRIG (1985).

Tatsächlich könnte gerade jetzt eine besondere Chance bestehen, unter reflektierter Nutzung der technologischen
Möglichkeiten nicht nur inhumane Arbeitsbedingungen zu
beseitigen, sondern zugleich grössere kulturelle Vielfalt zu
erreichen und sich bei weiter reduzierten Arbeitszeiten gesellschaftlich nützlichen (Arbeits-)Tätigkeiten ausserhalb
der Erwerbsarbeit zuzuwenden. Für die Arbeitspsychologie
bedeutete eine solche Entwicklung, dass sie ihren Gegenstand über die traditionellen Formen der Lohnarbeit hinaus
in jenen Bereich auszudehnen hätte, der von GORZ und
anderen als "autonome Arbeit" bezeichnet wurde. Die
gedankliche Vorwegnahme solcher Entwicklungsmöglich-
keiten ist schliesslich nicht nur legitimes, sondern auch notwendiges Anliegen einer Disziplin, die sich mit einer der
grundlegenden menschlichen Lebenstätigkeiten beschäftigt.

LITERATURVERZEICHNIS

ARENDT, H. (1967). Vita activa oder Vom tätigen Leben. München: Piper.

COMMISSION de COMMUNAUTÉS EUROPÉENNES (1983). Le programme FAST, resultats et recommandations, version préliminaire. Brüssel: CCE.

DAHRENDORF, R. (1983). Arbeit und Tätigkeit - Wandlungen der Arbeitsgesellschaft. In AFHELDT, H. & ROGGE, P.G. (Hrsg.), Geht uns die Arbeit aus? (S. 23-35). Stuttgart: Poller, Frauenfeld: Huber.

DEUTSCHER BUNDESTAG (1983). Schlussbericht der Enquete-Kommission 'Jugendprotest im demokratischen Staat' (Hrsg. M. WISSMANN & R. HAUCK). Bonn: Deutscher Bundestag.

FRIEDMANN, G. (1953). Zukunft der Arbeit. Köln: Bund-Verlag.

FRIEDMANN, G. (1959). Grenzen der Arbeitsteilung. Frankfurt: Europäische Verlagsanstalt.

FREUD, S. (1930). Das Unbehagen in der Kultur. Abgedruckt in: Abriss der Psychoanalyse - Das Unbehagen in der Kultur. Frankfurt/M.: Fischer, 1992.

GORZ, A. (1980). Das goldene Zeitalter der Arbeitslosigkeit. (Französisches Original 1978). Anhang zu: Abschied vom Proletariat. Frankfurt: Europäische Verlagsanstalt.

GORZ A. (1983). Wege ins Paradies. Berlin: Rotbuch Verlag.

HOFMEISTER, E. (1982). Mikroelektronik und Arbeitsplätze. In MEYER-ABICH, K. & STEGER, U. (Hrsg.), Mikroelektronik und Dezentralisierung (S. 111-114). Angewandte Informationsforschung (Hrsg. E. STAUDT), Band 4. Berlin: E. Schmidt

LEONTIEF,W. (1983). Den technologischen Schock dämpfen. Interview der *IAO-Nachrichten* 1983, 19, No. 4.

LUTZ, C. (1984). Westeuropa auf dem Weg in die Informationsgesellschaft. Rüschlikon: Gottlieb-Duttweiler-Institut.

LUTZ, C. (1986). Die Kommunikationsgesellschaft. Rüschlikon: Gottlieb-Duttweiler-Institut.

OFFE, C. (1984) (Hrsg.). "Arbeitsgesellschaft": Strukturprobleme und Zukunftsperspektiven. Frankfurt: Campus.

OLMSTED, G. (1977). Statement before the California Senate Select Committee on Investment Priorities and Objectives on 'Leisure Sharing'. November 1, 1977

PECCEI, A. (1983). Einführung. In Der Weg ins 21. Jahrhundert (S. 7-20). Berichte an den Club of Rome. München: Molden/Seewald.

RESCH, M.G. (1991). Haushalt und Familie: Der zweite Arbeitsplatz. Schriften zur Arbeitspsychologie (Hrsg. E. ULICH), Band 51. Bern: Huber

RESCH, M.G. & RUMMEL, M. (1993). Entwicklungsförderliche Arbeitsbedingungen und weiblicher Lebenszusammenhang. In G. MOHR (Hrsg.). Ausgezählt (S. 49-65). Weinheim: Deutscher Studienverlag

ROBERTSON, J. (1978). The Sane Alternative. St. Paul: Riverbasin.

SACHS, I. (1978). Development and Maldevelopment. Canadian Institute for Public Affairs: Annual Conference, Keynote Address.

SCHAFF, A. (1983). Die Auswirkungen der mikroelektronischen Revolution auf die Gesellschaft. In Der Weg ins 21. Jahrhundert (S. 163-171). Berichte an den Club of Rome. München: Molden/Seewald.

SCHELBERT-SYFRIG, H. (1985). Arbeitswelt im Umbruch: ein Überblick. In H. SIEGENTHALER (Hrsg.), Neue Technologien und Arbeitswelt. Wirtschaft und Recht 37, H. 2/3, 147-159.

STRAHM, R. (1987). Wirtschaftsbuch Schweiz. Zürich: Ex Libris.

TERIET, B. (1977). Die Wiedergewinnung der Zeitsouverä-
nität. In F. DUVE (Hrsg.), Technologie und Politik, Band
8 (S. 75-111). Reinbek: Rowohlt

TERIET, B. (1980). Vom Work-Sharing zum Job-Sharing.
Zeitschrift für Arbeitswissenschaft 34, 84-88

TRIST, E. (1981). The Evolution of Socio-technical Systems.
Toronto: Ontario Quality of Work Life Centre, Occasio-
nal Paper No. 2.

ULICH, E. (1984). Arbeit in der Zukunft - Szenario 21.
Psychosozial, Band 22, 98-107.

MODELL EINER NEUEN ZEITEINTEILUNG FÜR DAS TÄTIGSEIN DES MENSCHEN[*]
Strategien zur Überwindung der Arbeitslosigkeit

von Hans Ruh

Über Auswege aus der Krise der Arbeitslosigkeit wird viel geredet, aber es herrscht nach wie vor Mangel an neuen Ideen. Ich gewinne mehr und mehr den Eindruck, daß die Diskussion darüber nicht über das Niveau von Ladenhütern hinausreicht. Und ich vermute die Ideenlosigkeit hängt mit dem Umstand zusammen, daß wir der Frage zu wenig nachgehen, ob denn nicht "unsere" Arbeitslosigkeit Merkmale aufweist, die eben auch neu, auf jeden Fall anders als frühere, sein könnten.

In der Tat möchte ich behaupten, daß wir es mit neuen Randbedingungen der Arbeitslosigkeit zu tun haben, die wir zunächst benennen müssen, aufgrund derer wir dann aber auch neue Wege beschreiten sollten. Was sind nun die neuen Randbedingungen?

---

[*] Referat, gehalten am 2. Dezember 1993 an der Universität Zürich, im Rahmen der Veranstaltungsreihe "Wege aus der Arbeitslosigkeit" des wirtschaftswissenschaftlichen Verbandes der Universität Zürich.

- Die Hoffnung auf ein wirtschaftliches Wachstum geht in die falsche Richtung. Wenn die USA heute aufatmen und dank eines neuen Booms in der Autoindustrie auf den weiteren Aufschwung hoffen, kann es nur ein kurzer Aufschwung werden. Diese Art Strategie der Überwindung wird in Zukunft immer mehr gegen eine Grenze anrennen, nämlich die der Ökologie. Genauso wie wir in den 80er Jahren ökonomisch - durch die Schuldenmacherei - auf Kosten der Zukunft gelebt haben, leben wir mit allen Wachstumsstrategien, die sich nicht an Nachhaltigkeit orientieren, auf Kosten der Zukunft. Das wird uns immer raschere und tiefere ökonomische Einbrüche bescheren, solange, bis wir das kopflose Anrennen gegen die Grenzen der Ökologie aufgeben.

- Die Arbeitslosigkeit rührt auch von daher, daß wir nur die Hälfte der Arbeit verrichten. Ich meine damit den Umstand, daß wir im Produktionsprozeß nur die Entwicklung, nicht aber die Entsorgung ernstnehmen. Wenn wir, um nur ein Beispiel zu nennen, die Rückholung der auf der ganzen Welt zerstreuten Stoffteilchen auch nur getreulich betreiben würden, wir hätten genug Arbeit. Aber wir hören sozusagen mitten in der Arbeit auf und lassen die Abfälle liegen.

- Wir haben die weltweite Wirtschaft so programmiert, daß es fast keine Gewinner der Rationalisierung geben kann. Die Programmierung des Welthandels läuft wie folgt: durch die Idee des 'ökonomischen Weltdorfes' gibt es im internationalen Raum keine funktionierenden Rahmenbedingungen des Marktes. Da alle miteinander ökonomisch verkehren, müssen alle Akteure immer konkurrenzfähiger werden, was wir durch eine ausgeklügelte Rationalisierungstechnologie noch verstärken. Niemand kann diese Teufelsmaschine bremsen, weil es keinen Weltstaat mit harten Interventionsmechanismen gibt. Die Folge wird sein, daß wir uns weltweit zu Tode rationalisieren werden, vor allem deshalb, weil wir so tun, als gäbe es weltweit so etwas wie eine schweizerische Marktwirtschaft. Das ist aber eine Fiktion. Gerade die Verfechter einer rahmengeplanten Marktwirtschaft machen sich etwas vor, wenn sie so tun, als sei international etwas ähnliches möglich. Für diese Fiktion müssen wir teuer bezahlen. Die ganze Welt ist unkontrollierbar an eine einzige Megamaschine angehängt, deren Devise heißt: immer konkurrenzfähiger!

- Durch diese unkontrollierbare Weltwirtschaft sind die einzelnen Unternehmen zu einer Logik gezwungen, welche in tiefen Widerspruch zu der Logik der Gesamtgesellschaft geraten muß. Wenn es keine oder nur schwache internationale Rahmenbedingungen für die Marktwirtschaft gibt, dann müssen die Unternehmen die Konkurrenzfähigkeit und Gewinnmaximierung als oberste Ziele anstreben. Damit verhalten sie sich aber katastrophal prozyklisch in bezug auf die heute schon bestehenden tiefgreifenden Schäden der Weltgesellschaft. Die Strategie der Rationalisierung, z.B. in Form der Lean-Production, setzt der schon bestehenden Arbeitslosigkeit noch eines drauf. Sie verschärft zudem die weltweite soziale Disparität, sie verschärft die Umweltprobleme und steigert durch sinnlose Produkte die Sinnlosigkeit in der Welt.

Diese Strategie entspricht der Logik der Unternehmen, nicht aber der Logik der Gesellschaft. Den Widerspruch könnten wir relativieren, wenn wir effiziente internationale Institutionen hätten, wenn die oft skizzierte Einheit von ökonomischer Effizienz und sozialen und ökologischen Gesichtspunkten praktizierbar wäre und nicht zuletzt, wenn wir freiwillige internationale Abkommen unter den großen Unternehmern, z.B. Ethik-Kodizes, verwirklichen könnten.

Alle drei genannten Strategien sind schwierig, und so

bleibt vorerst nur die unkontrollierte Strategie der Rationalisierung, deren tiefe Irrationalität darin liegt, daß sie
täglich die schon bestehenden Defizite, allen voran die
Arbeitslosigkeit, noch erhöht.

- Immer mehr produzieren wir Güter, welche nicht den vi-
talen Bedürfnissen der Mehrheit der Menschen entsprechen. Der Weltmarkt produziert an den Bedürfnissen
der Mehrheit der Weltbevölkerung vorbei. Dies ist nicht
nur aus der Perspektive der Armen, es ist auch ökonomisch problematisch. Die Gag-isierung und Swatchisie-
rung der Produktepalette verspricht nur kurzfristige
Erfolge.

- Noch stärker ins Gewicht fällt in diesem Zusammen-
hang, daß ein großer Teil der Produktepalette und
Dienstleistungen von heute die Sinnlosigkeit, an der die
Welt schon leidet, verstärkt. Wiederum: auf sinnlosen
Spielzeugen, Unterhaltungselektronik, Gags und
ähnlichem kann man keine gesunde Ökonomie aufbauen.
Aber die Erhöhung der Sinnlosigkeit beinhaltet einen
noch gefährlicheren Aspekt: die Sinnlosigkeit in der Welt
schlägt um in Langeweile, Aggression und Gewalt, in
Destruktion und Radikalismus.

- Endlich ist auch die Arbeitswelt in den Bannkreis eines
Wertezerfalls geraten, der von mangelnder Motivation
über Individualismus, Interessenlosigkeit bis hin zu
Gewalt und Kriminalität reicht.

- Die Arbeitslosigkeit bedeutet eine tiefgreifende Störung
des menschlichen Tätigkeitshaushalts und legt vielfältige
Widersprüche frei. Die Störung betrifft die Auseinandersetzung des Menschen mit seiner Umwelt. Daß es sich
um eine Störung handeln muß, wird dann besonders
deutlich, wenn wir folgenden Widerspruch wahrnehmen:
einerseits haben wir verbreitete Arbeitslosigkeit, andererseits haben wir so viele ungelöste Probleme, also eigentlich sehr viel zu tun. Offensichtlich unterliegt der Tä-

tigkeitshaushalt des Menschen einer falschen Steuerung.

- Es gibt noch andere Anzeichen der Störung oder falschen Steuerung: die Arbeit der Menschen löst sehr oft die falschen Probleme. Wir produzieren Dinge, die wir vital nicht brauchen, wir produzieren aber gerade die Dinge nicht, welche eine Mehrheit der Menschen dringend bräuchte. Ich denke dabei an den Hunger, die Unterentwicklung, die Wohnungsnot. Man könnte diesen Widerspruch auch so ausdrücken: es sieht so aus, als stellten wir durch unsere Arbeit eine Welt her, die wir so gar nicht wollen, als strebten wir aber gleichzeitig in unserem Tätigsein die Ziele gerade nicht an, die wir eigentlich wollen.

Was wollen wir eigentlich vom Leben? Auch ohne tiefschürfende Bedürfnistheorien, die übrigens zu ähnlichen Resultaten kommen, würde ich sagen: wir wollen Deckung der Grundbedürfnisse, Geborgenheit und Anerkennung in einem sozialen Umfeld, Sicherheit und Gesundheit, gutes Wohnen, interessante Herausforderungen, Mitsprache bei dem, was uns betrifft. Aber ermöglicht die Produkte- und Dienstleistungswelt, die wir mit unserer Arbeit schaffen, das Erreichen dieser Ziele? Wohl kaum, sie verfehlt sie zumeist vielmehr. Warum streben wir das nicht an, was wir eigentlich möchten? Elektronische Unterhaltungsindustrie, stinkende und lärmende Mobilität, schlechte Wohnungen, ungesunde Lebensmittel - wollen wir das wirklich?
Zur Störung rechne ich weiter den Umstand, daß wir durch unsere Art der Arbeit die natürlichen Lebensgrundlagen schwerwiegend beeinträchtigen. Bereits ökonomisch ist es suspekt, wenn die durch Arbeit verursachten Umweltkosten in Deutschland auf ca. 200 Milliarden DM jährlich geschätzt werden müssen. Ökologisch ist dies eine Katastrophe. Endlich rechne ich zu der genannten Störung die Tatsache, daß weltweit die meisten Menschen in entfremden-

den, erniedrigenden oder ungesunden Arbeitsverhältnissen tätig sein müssen.

Ich will nun versuchen, aus dem oben Gesagten einige grundsätzliche Folgerungen zu ziehen im Hinblick auf mögliche Ansätze zu Lösungen. Sicher ist, daß es angesichts der Komplexität keine eindimensionalen Lösungen geben kann, z.B. auch nicht die einer bloßen Umverteilung der Arbeit. Ich sehe die Richtung von Lösungsansätzen mit den folgenden Punkten markiert:

1. Wir brauchen eine neue Aufteilung, Zielsetzung und Fokussierung der menschlichen Tätigkeitszeit, d.h. der Dualismus Freizeit/Arbeitszeit muß durch ein differenziertes Modell ersetzt werden.

2. Wir brauchen eine teilweise Entkoppelung von Arbeit und Lohn. Wir brauchen eine Grundsicherung für alle, unabhängig von der Arbeit.

3. Wir brauchen neue Anreize oder vielmehr Motivationen für sozial und ökologisch bedeutsame Leistungen. Unter anderem läßt sich ein solches Ziel nur über einen umfangreichen obligatorischen Sozialdienst, der von allen geleistet wird, erreichen.

4. Wir müssen uns immer mehr und konsequenter auf eine an der Nachhaltigkeit orientierte Lebens- und Produktionsweise ausrichten, die letztlich nur eine bionische Produktionsweise sein kann.

5. Wir müssen - vor allem zur Überwindung des Widerspruchs zwischen der Logik der Unternehmen und der Logik der Gesamtwirtschaft bzw. der Gesellschaft - neue Koalitionen in der Wirtschaft finden und uns mit neuen Partnerschaften auf regionale Ziele ausrichten.

Im Folgenden sollen diese fünf Punkte einer detaillierteren Kommentierung unterzogen werden. Zuvor muß aber, im Sinne einer Regieanweisung, folgendes für das Verständnis festgehalten werden: die fünf Punkte sind der Versuch der Formulierung einer *ganzheitlichen Strategie* zur Lösung der Frage der Arbeitslosigkeit. Es kann nicht mehr genügen, eindimensionale Strategien zu entwerfen. So ist auch die isolierte Umverteilung der Arbeit, z.B. durch massive Reduktion der Normalarbeitszeit, keine Lösung. Neben der Umverteilung der Arbeit müssen in einer Strategie immer auch andere Gesichtspunkte berücksichtigt und aufeinander abgestimmt werden. Insbesondere sind folgende Gesichtspunkte von Belang: eine Strategie in diesem Sinne muß immer auch einen Beitrag leisten zur Brechung der fatalen Dynamik im Zusammenhang mit Konkurrenzfähigkeit, Rationalisierung und Umweltzerstörung. Sie muß eine Antwort bereitstellen auf die Anforderung des Konzepts der Nachhaltigkeit der Produktions- und Lebensweise und sie muß eine Antwort bereitstellen auf die Frage nach der Motivation zu gesellschaftlich und ökologisch bedeutsamen Leistungen. Und, last but not least, muß sie ein besonderes Potential an Erhöhung von Sinn und Lebensqualität ausweisen können.
Diese Regieanweisung soll verdeutlichen, daß die Kommentierung der fünf Strategiepunkte auf eine ganzheitliche, in sich stimmige Konzeption aus ist.

1. *Wir brauchen eine neue Aufteilung, Zielsetzung und Fo-*
kussierung der menschlichen Tätigkeitszeit, das heißt der
Dualismus Freizeit/Arbeitszeit muß durch ein differenzierteres
Modell ersetzt werden.

Die menschlichen Tätigkeiten werden unter sieben Aspekten
neu konzipiert:

- Freizeit (siehe Punkt 2 u. 3)
- Monetarisierte Arbeit
- Eigenarbeit
- Obligatorische Sozialzeit (siehe Punkt 3)
- Informelle Sozialzeit
- Ich-Zeit
- Reproduktionszeit.

Monetarisierte Arbeit: Ich sehe für die Zukunft die Halbtags-
stelle als Norm für Mann und Frau. Allerdings soll jeder
Mensch soviel arbeiten können, wie er will, sofern er die entsprechende Arbeit findet, diese ökologisch und sozial nicht
schädlich ist und die Grundbedürfnisse anderer dadurch
nicht eingeschränkt werden.

Eigenarbeit: Möglichst viele Tätigkeiten sollten wieder in
Form von Eigenarbeit ausgeführt werden können. Dies senkt
die gesamtgesellschaftlichen Fixkosten, ist ökologisch ver-
träglich, schafft Sinn, bringt Unabhängigkeit. Ich denke an
Tätigkeiten für die Gesundheit, für Nahrungsbeschaffung,
Haushalt, Bildung, Kultur, Mobilität (zu Fuß oder Fahrrad),
Reparatur, Wohnungsbau etc.

Informelle Sozialzeit: Es soll jeder Mensch die Kraft, Bereitschaft und Möglichkeit haben, freiwillig sozial und ökologisch sinnvolle Tätigkeiten auszuführen. Ich denke da an
Nachbarschaftshilfe, Privatstunden, Verwandtenbesuche.

Ich-Zeit: Jeder Mensch braucht Zeit für sich selbst, für seinen Körper, seine Seele und seinen Geist. Wendet er diese Zeit sinnvoll an, geschieht dies auch zum Nutzen der Gesellschaft. Bei der Ich-Zeit denke ich an die eigene Gesundheit, Sport, Kultur, Religion, Esoterik.

Reproduktionszeit: Darunter ist die Gesamtheit der Tätigkeiten von Mann und Frau zu verstehen, für die Entwicklung, Betreuung, Erziehung und Pflege der zukünftigen Generationen.

Auch wenn die Umrisse für ein neues Modell etwas schematisch erscheinen: die einzelnen Punkte sind natürlich als Richtpunkte gedacht, die unterschiedlich gewichtet werden können. Aber die fundamentale Störung des menschlichen Tätigkeitshaushalts läßt sich nur dann beheben, wenn wir grundlegende Veränderungen ins Auge fassen.

2. *Wir brauchen eine teilweise Entkoppelung von Arbeit und Lohn. Wir brauchen eine Grundsicherung für alle, unabhängig von der Arbeit.*

Wiederum ist es ein komplexes Zusammenspiel von Faktoren, welches zu diesem Element einer Strategie führt: es sind ökologische, soziale, psychologische und gerechtigkeitstheoretische Aspekte, die dabei berücksichtigt werden.
Die praktische Durchführung der Grundsicherung für alle wird hier im Sinne eines Grundlohns oder einer Bürgerrente vorgestellt. Es gibt auch die Vorstellung der Negativsteuer, d.h. das Konzept, wonach Schlechtverdienende nicht Steuern zu entrichten haben, sondern finanzielle Beiträge vom Staat erhalten. Ich trete hier für den Grundlohn, nicht für die Negativsteuer ein, und zwar deshalb, weil die Negativsteuer

keine Anreize zu vermitteln vermag. Wenn jemand mehr verdient, bekommt er im gleichen Masse weniger Beiträge von der Steuer, was einem Nullsummenspiel gleichkommt.

In der heutigen Lage wäre der Grundlohn in der Schweiz auf die Größenordnung von Fr. 1.300.-- für jeden erwachsenen Menschen zu veranschlagen. Zunächst geht es beim Grundlohn auch um einen Beitrag zur Brechung einer fatalen Dynamik. Er ist aber auch als Anreiz und Belohnung gedacht für eine Lebensweise, die sich an ökologischer Bescheidenheit orientiert. Unter langfristigen Gesichtspunkten betrachtet, insbesondere unter dem Aspekt der Nachhaltigkeit, ist zumindest zu vermuten, daß eine sehr bescheidene, ressourcen- und umweltschonende Lebensweise manche Vorzüge aufweist. Warum sollte ein solches Verhalten nicht 'belohnt' werden? Es ist nicht einzusehen, warum wir auf Bescheidenheit orientierte Menschen gegen ihren Willen zwingen sollten, an der Herstellung einer Zivilisation, die sie für sich nicht beanspruchen, teilzunehmen.

Für eine aufgeklärte, an Freiheit orientierte Gesellschaft kann es nur sinnvoll sein, wenn sie grundsätzlich eine minimale Sicherung für alle vornimmt. Denn es ist zumindest nicht eindeutig und nicht vollständig auszumachen, welches nun positive oder negative, freiwillige oder nicht freiwillige Einwirkungen eines Menschen auf die Gesellschaft sind. Dieser Unmöglichkeit einer exakten Quantifizierung begegnet man am besten mittels einer *Grundsicherung* für alle, d.h. durch die Gewährung eines Sockelbeitrags für alle als Kompensation nicht auszumachender Unterschiede.

Eine wichtige Funktion des Grundlohns besteht in der Ermöglichung und Vermittlung von Anreizen für sinnorientierte Tätigkeiten. So ist es einer Bauernfamilie aufgrund der zweimal 1.300.-- Franken monatlich möglich, nachhaltige, z.B. biologische Landwirtschaft zu betreiben. Auch viele andere Berufe, z.B. Handwerker, erhalten so die Chance, sich aus dem ökonomischen Zwang unökologischer Produktionsweisen herauszuarbeiten. Der Grundlohn schafft auch die ökonomischen und damit zeitlichen, zum Teil auch psychologischen Voraussetzungen für ein weites Feld informeller, freiwilliger sozialer Leistungen, z.B. Pflege der Gemeinschaft mit älteren und einsamen Menschen, Lebens- und Nachbarschaftshilfe usw. Ferner ist der Grundlohn eine ökonomische Basis für die Flexibilisierung der Arbeitsgestaltung und für eine, den individuellen Bedürfnissen und Interessen angepasste, Gestaltung der Pensionierung. Er ermöglicht auch verstärkte Anstrengungen zur privaten Weiterbildung.

Es kann natürlich kein Zweifel darüber bestehen, daß der Übergang zum System des Grundlohns große bildungspolitische Anstrengungen voraussetzt. Die Menschen müssen schon in der Schule verstärkt in die Übernahme von Verantwortung und in die Befähigung zu sinnvollem Umgang mit den eigenen Kräften und 'der Zeit' eingeführt werden.

Ein Vorteil des Systems einer solchen Grundsicherung besteht wohl auch im Abbau administrativer Kosten. Es ist eine einheitliche Kasse denkbar, welche Arbeitslosenversicherung, Sozialhilfe, Stipendien, AHV usw. versichert. Darüber hinaus wären bedarfsorientierte Zulagen zu konzipieren.

3. *Wir brauchen neue Anreize oder vielmehr Motivationen für sozial und ökologisch bedeutsame Leistungen. Unter anderem lassen sich die Anreize nur über einen umfangreichen obligatorischen Sozialdienst, der von allen geleistet wird, erreichen.*

Umfangreich heißt, daß der vorgeschlagene obligatorische Sozialdienst auf die Dauer von drei Jahren für jeden Mann und jede Frau angelegt ist. Ein Jahr wäre um das 20. Lebensjahr zu leisten. Ein zweites Jahr wäre zu konzipieren als Wiederholungskurse, z.B. 14 Tage jedes Jahr, ein System, das wir in der Schweiz vom Militärdienst her kennen. Das

dritte Jahr könnte in Blöcken oder kurzen Einsätzen wenig
vor oder nach der Pensionierung geleistet werden, als
Komplementärdienst zu einem flexiblen Übergang in die
Pensionierung, u.a. auch im Sinne der gesellschaftlichen
Nutzung der Erfahrung älterer Menschen. Die gesetzliche
Basis für einen solchen Sozialdienst könnte über die Einführung einer "Allgemeinen Dienstpflicht" auf Verfassungsebene
geschehen, wie dies in der Schweiz zur Zeit der Diskussion
über die Totalrevision der Bundesverfassung vorgeschlagen
worden ist. Die konkreteren Bestimmungen wären dann über
ein Bundesgesetz sowie auf dem Verordnungsweg zu erlas-
sen. Es ist überhaupt nicht an eine umfangreiche Bü-
rokratisierung des Sozialdienstes gedacht, im Gegenteil: er
wäre zwar in den Grundzügen durch einheitliche Bundes-
normen zu bestimmen, die Durchführung bzw. Organisation
erfolgte jedoch dezentral. Insbesondere gemeinnützige Orga-
nisationen und Gemeinden, bekämen jährliche Kontingente
an Sozialdienstpflichtigen zugewiesen.
Welches sind nun die wichtigsten Leistungen, die in einem
Sozialdienst zu erbringen wären? Es sind dies vor allem
ökologisch und sozial sehr bedeutsame Dienstleistungen,
welche personalintensiv und teuer sind und im gegenwärtigen System nicht oder nur unzureichend erbracht werden.
Bevor dazu konkrete Beispiele genannt werden, ist eine Vor-
bemerkung nötig: der Sozialdienst darf nicht zur Konkurren-
zierung einiger Berufe, wie der Sozialarbeit und der Kran-
kenpflege, führen. Es muß etwas wie eine "Opfersymmetrie"
angewandt werden: möglichst viele Bereiche sind zu
berücksichtigen, wobei schon die soeben erwähnte Bestim-
mung, wonach es um Leistungen geht, die heute nicht erbracht werden, eine Barriere darstellt.
Im Vordergrund stehen Leistungen im ökologischen Bereich,
weil sich hier besonders schwerwiegende Defizite zeigen.
Dies gilt z.B. für die Sortierung und Rückholung von Abfäl-
len, wenn man davon ausgeht, daß die Dispersion von

Stoffteilchen auf dem ganzen Planeten durch unsere Produktionsweise dem Gebot der Nachhaltigkeit besonders gravierend widerspricht. Fast schon traditionelle Leistungen wie Wald- und Seesanierung wären hier zu nennen, ebenso wie Dienstleistungen für ältere Menschen. Angesichts des steigenden Lebensalters warten gerade in diesem Sektor besonders personalintensive Aufgaben, die auf jeden Fall das gegenwärtige ökonomische System überfordern. Kommunikation mit älteren Menschen, Hilfe bei Gebrechlichkeit, Betreuung der Ernährung, Unterstützung der Pflege und Hilfestellung zu besserer Mobilität sind hier die wesentlichen Stichworte.

Wichtig ist ebenfalls die Intensivierung der Betreuung von Kranken, vor allem von psychisch kranken Menschen. Einzelne psychische Krankheiten verlangen im Hinblick auf eine optimale Behandlung so viele personale Dienstleistungen, daß diese jede heutige ökonomische Basis übersteigen. Als Beispiel sei das Problem der Kommunikation mit schizophrenen Patienten genannt.

Intensive menschliche Betreuung ist auch im Bereich der Suchtprobleme nötig, vor allem hinsichtlich des Drogenproblems. Auch hier sind anstelle administrativer und polizeilicher Maßnahmen umfangreichere soziale und kommunikative Dienstleistungen nötig. Das immer akuter werdende Problem der Gewalt ruft ebenfalls nach personalintensiven Leistungen, und zwar sowohl hinsichtlich der *Prävention* von Gewaltursachen wie auch in bezug auf den *Schutz* vor Gewalt. Unter dem Aspekt der Prävention ist an die Betreuung von Jugendlichen zu denken, z.B. durch das Anbieten von sportlichen und kulturellen Möglichkeiten. Die ganze Palette der Gewaltursachen muß abgefragt werden unter dem Aspekt der Chancen einer personalintensiven Prävention.

Der am weitesten gehende Vorschlag in diesem Zusammenhang reicht bis hin zur Forderung nach Schaffung und Or-

ganisation einer gewaltfreien nationalen und internationalen
Truppe, welche dort eingesetzt wird, wo das Entstehen von
Gewalt vermutet wird. Aber der Sozialdienst hat auch für
den Schutz vor Gewalt seine Bedeutung. Wenn die Sicher-
heit in den Abend- und Nachtzügen ökonomisch nicht mehr
gewährleistet werden kann, dann könnten Angehörige des
Sozialdienstes diesen Dienst leisten. Ähnliches gilt für die
Sicherheit auf bestimmten Plätzen und Straßen.

Auch den Anliegen der Familienpolitik könnte der Sozialdienst entgegenkommen: in Form von Kinderhütediensten
bezüglich der Berufstätigkeit von Mann und Frau, als Pflege
und Betreuung der Kinder in der Schule, als besondere päd-
agogische Hinwedung zu schlecht integrierten Kindern, endlich als schulbegleitende Dienste für die Kinder ausländi-
scher Bürger. Wenn es stimmt, daß Familien und Schulen
mehr und mehr zur Quelle für gewalttätiges Verhalten werden, dann müssen künftig außerordentlich viele Mittel für
diese Bereiche aufgewendet werden.

Wenn man davon ausgeht, daß der Sport angesichts des
Anwachsens der Freizeit, aber auch im Hinblick auf die ge-
sundheitliche Prävention einen viel höheren Stellenwert erhalten muß, wäre auch hier ein Einsatz des Sozialdienstes
möglich, z.B. im Rahmen von Sportclubs für junge und alte
Menschen, die von Krankenkassen und Gemeinden mitor-
ganisiert werden könnten. Endlich ist darauf hinzuweisen,
daß auch der Militärdienst im Rahmen der allgemeinen
Dienstpflicht absolviert werden könnte, selbstverständlich
unter Anrechnung der geleisteten Zeit.

4. *Wir müssen uns immer mehr und konsequenter auf eine an der Nachhaltigkeit orientierte Lebens- und Produktionsweise ausrichten, die letztlich nur eine bionische Produktionsweise sein kann.*

Die Diskussion um den Begriff der Nachhaltigkeit hat mehr und mehr deutlich gemacht, daß der Mensch im Hinblick auf seine Lebensqualität und die Lebensgrundlagen der zukünftigen Generationen nur dann seine Nische erhalten kann, wenn er sich mit seiner Lebens- und Produktionsweise in die übrige Natur einordnet. Überlebens- und permanenzfähig ist nur eine Produktionsweise, welche sich auf einige wenige Grundregeln der Natur stützt. Solche Grundregeln sind in erster Linie das Arbeiten in geschlossenen Stoffkreisläufen und die alleinige Nutzung von dezentraler Sonnenenergie. Dazu kommt der Verzicht auf 'Abfallproduktion' im Sinne einer dispersiven Anordnung von vorher veränderten Stoffen.

Die These, die hier vertreten wird, ist einfach: nur wenn es dem Menschen mittel- und langfristig gelingt, seine Produktionsweise im wesentlichen unter strikter Einhaltung dieser Grundregeln der Natur zu gestalten, hat er eine Überlebenschance. Gelingt ihm das nicht, tritt er zuerst in eine Periode schwerer sozialer und ökonomischer Krisen ein, z.B. im Gefolge von Klimakatastrophen, später sind die Lebensgrundlagen selbst in Frage gestellt. In unserem Zusammenhang interessiert nun in erster Linie der ökonomische Aspekt dieser Problematik. In der Tat sind schwere ökonomische Krisen als Bestandteil zukünftiger sozialer Krisen zu erwarten, z.B. im Gefolge der Weltwanderungen von Umweltflüchtlingen. Zu solchen Krisen wird auch die Arbeitslosigkeit gehören, schon deshalb, weil die ökologischen Grenzen des traditionellen Wachstums immer penetranter wirksam werden.

Der einzige Ausweg ist eine Technologie, welche sich konse-

quent an den genannten Grundregeln der Natur ausrichtet.
Die zukünftige Technologie ist demnach konsequente Nachahmung der Natur und Entdeckung der geradezu unglaub-
lichen Möglichkeiten, die in der Natur liegen. Man nennt eine
Technologie, welche Nachahmung der Natur betreibt, Bionik. Der Begriff ist eine Zusammensetzung von Wortteilen
der Begriffe Biologie und Technik. In den 50er Jahren hat
man Bionik aus Effizienzgründen betrieben. Heute muß sie
aus ökologischen Gründen betrieben werden.

Insbesondere Unternehmer und Wissenschafter müssen heute Initiativen ergreifen, zur Entwicklung einer solchen Technologie. Gerade die Schweiz könnte sich, mit ihren technologischen und handwerklichen Möglichkeiten, auf die Entwicklung von bionischen Produkten, z.B. im Material- oder
Systembereich, konzentrieren. Sie könnte, wenn sie rasch mit
Forschung und Entwicklung begänne, auch einen Wettbe-
werbsvorteil auf dem Weltmarkt erreichen. Auf jeden Fall
sollten gerade führende Industrien in der Schweiz nicht
länger Klage führen über die Nichtverkäuflichkeit von in der
Schweiz hergestellten Produkten. Sie sollten vielmehr heute
damit beginnen, Produkte zu entwickeln, welche in zehn
Jahren z.B. den Anforderungen der Nachhaltigkeit entsprechen. Ein wirtschaftlicher Aufschwung wäre auf diese Weise
sehr wohl möglich, und zwar einer mit langfristig guten Aussichten. In mehrfacher Weise wäre damit ein Beitrag zur Lösung des Arbeitslosenproblems geleistet: sinnvolle und ökologisch günstige Produktion, Schaffung neuer Arbeitsplätze
in der Entwicklungszeit, Sicherung von Arbeitsplätzen in
der Zukunft.

Es ist klar, daß auch die Umstellung der Lebensweise, beispielsweise in bezug auf Nahrungsmittelproduktion, Wohnungsbau und Mobilität, viele neue Arbeitsplätze schaffen
würde, weil ganz generell eine nachhaltige Lebensweise mit
viel mehr menschlicher Tätigkeit und weniger Ressourcenver-
brauch gekoppelt ist.

5. *Wir müssen - vor allem zur Überwindung des Widerspruchs*
• zwischen der Logik der Unternehmen und der Logik der Ge-
samtwirtschaft bzw. Gesellschaft - neue Koalitionen in der Wirt-
schaft finden und uns mit neuen Partnerschaften auf regionale
Ziele ausrichten.

Unter den eingangs beschriebenen Bedingungen der Weltwirtschaft müssen, wie gesagt, Unternehmen ein Stück weit
unerbittlich auf Konkurrenzfähigkeit und Gewinnstrebigkeit
aussein. Diese Logik schafft aber Probleme auf der gesamtgesellschaftlichen Ebene durch die damit verbundene Erhöhung der Arbeitslosigkeit. Nun gibt es zwar durchaus begrenzte Möglichkeiten für eine neue, zumal extern gesteuerte,
Unternehmenspolitik. Unternehmensintern sind folgende
Vorschläge bedenkenswert:
- bessere, auch ethische Motivation der Mitarbeit;
- Motivation zur Verbesserung der Organisation (Lean-
  Production, ohne deren negative Folgen);
- Innovationsförderung;
- Erhöhung des Freiheitsraums von Mitarbeitern;
- Erproben von Arbeitszeitreduktionen auf freiwilliger Ba-
  sis: 80%-Stellen/Halbtagsstellen;
- Prüfung der Gehaltssysteme hinsichtlich der ökonomi-
  schen Notwendigkeit der Unterschiede;
- Schaffung von Innovationszirkeln;
- Mitarbeiterbeteiligung, evtl. an Innovationsprojekten.

Auf der Ebene der Unternehmensstrategie sind denkbar:
- bessere Produkte;
- langfristig ökologisch verwertbare Produkte und
  Produktionsweisen (dies kann nur von einer bionischen
  Produktionsweise im strikten Sinne gesagt werden);
- Verbesserung des Images durch Betonung der soeben ge-
  nannten Produkte;
- Verbesserung der Akzeptanzbedingungen für sinnvolle

und ökologisch vertretbare Produkte (politische Einflüsse);
- Konzentration auf Produkte und Dienstleistungen, welche die Menschen wirklich brauchen;
- Suche nach Produkten und Dienstleistungen, welche die Trendsetter bevorzugen;
- Schaffung neuer Koalitionen, zum Teil auf ethischer Basis, zwischen Mitarbeitern, Geldgebern, Kunden und Lieferanten;
- Konzentration auf Innovation bezüglich Produkte und Dienstleistungen, welche aus sozialen, kulturellen, vor allem ökologischen Gründen für übermorgen dringlich sind;
- Konzepte für langfristige, nicht kurzfristige (!) Gewinnstrebigkeit;
- Unterlaufen der internationalen Konkurrenzbedingungen durch Konzentration auf regionale Märkte.

Angesichts der Unvollkommenheit und Wirkungslosigkeit bisheriger Strategien wäre aber ein Ausweg aus dieser Widersprüchlichkeit vor allem dann denkbar, wenn sich im Hinblick auf konkrete Zielsetzungen in größeren Regionen neue Koalitionen finden könnten. Eine Region könnte sich das Ziel setzen, die gesamtwirtschaftlichen Fixkosten drastisch zu senken, beispielsweise die Gesundheits- und Energiekosten. Damit dieses Ziel erreicht werden kann, müßten neue Partnerschaften bzw. Koalitionen gefunden werden: Ärzte, Konsumentinnen, Banken und Unternehmen würden auf Unterstützung und Mitarbeit verpflichtet. Ebenfalls sind solche Zielsetzungen und Koalitionen nötig für die Überbrückung einer Durststrecke bei der Entwicklung von neuen Technologien. So könnte sich eine traditionelle Industrieregion das Ziel setzen, in zehn Jahren ein exportfähiges Material herzustellen, das dem Gebot der Nachhaltigkeit entspricht. Banken, diverse Sponsoren, Landbesitzer, Gewerkschaften, Wissenschafter und Unternehmen müßten sich zusammenfinden und im Sinne einer konzertierten Aktion ein solches Ziel innert der gesetzten Frist erreichen wollen. Durch eine solche *Strategie neuer Koalitionen* mit konkreten Zielsetzungen für eine Region könnte der Widerspruch zwischen der Logik von Unternehmen und der Gesellschaft wenigstens teilweise unterlaufen werden.

STECKBRIEFE DER AUTOREN

Hans Ruh, Prof. Dr. theol., geb. 1933, studierte in den Jahren 1953 - 1958 protestantische Theologie in Zürich, Bonn und Basel. In den nächsten beiden Jahren dissertierte er bei Karl Barth in Basel. Die Jahre 1963 bis 1965 verbrachte er als theologischer Mitarbeiter der Gossner Mission in Ost-Berlin. Die darauf folgende Tätigkeit als theologischer Mitarbeiter beim Schweizerischen Evangelischen Kirchenbund (SEK) in Bern dauerte bis 1983. Nach der Habilitierung im Jahr 1969 und der Gründung des Instituts für Sozialethik des SEK (1970) wurde er 1971 ausserordentlicher Professor für Sozialethik an der Universität Bern. 1983 wurde er als ordentlicher Professor für Systematische Theologie mit Schwerpunkt Sozialethik an die Theologische Fakultät der Universität Zürich berufen. Aus seinen zahlreichen Publikationen sei "Argument Ethik" erwähnt, welches 1991 im Theologischen Verlag, Zürich, erschien.
Adresse: Institut für Sozialethik, Kirchgasse 9, 8001 Zürich

Jakob Schaad, lic. oec. publ., geb. 1964, studierte politische Wissenschaften und Wirtschaftswissenschaften an den Universitäten Lausanne und Zürich. Von 1988 bis 1992 arbeitete er am Institut für empirische Wirtschaftsforschung der Universität Zürich im Bereich der Einkommens- und Sozialpolitik. Nach dem Abschluss des Lizentiats 1991 war er am gleichen Institut an der Ausarbeitung des Teilplans Flughafen des Luftprogramms für den Kanton Zürich beteiligt. Heute lehrt und forscht er am Sozialökonomischen Seminar der Universität Zürich in den Gebieten Wettbewerbstheorie und Arbeitsmarkt und arbeitet an einer Dissertation über das Kündigungsverhalten der Arbeitnehmer und Arbeitgeberinnen im schweizerischen Arbeitsmarkt.
Adresse: Sozialökonomisches Seminar, Rämistrasse 71, 8006 Zürich

Patrik Schellenbauer, lic. oec. publ., geb. 1963, studierte Geschichte und Volkswirtschaft an den Universitäten Bern und Zürich. Von 1988 bis 1993 war er am Institut für empirische Wirtschaftsforschung der Universität Zürich tätig, wo er sich mit Fragen der Sozialversicherung und Einkommensverteilung beschäftigte. Seit dem Lizentiat 1991 forscht er vor allem auf dem Gebiet des Arbeitsmarktes. Gegenwärtig dissertiert er am Sozialökonomischen Seminar der Universität Zürich über die monetäre Bewertung von unbezahlter Haushalts- und Familienarbeit. Zum gleichen Themenkomplex ist beim BIGA soeben eine Publikation erschienen, die auf einen zweijährigen Forschungsauftrag zurückgeht.
Adresse: Sozialökonomisches Seminar, Rämistrasse 71, 8006 Zürich

Eberhard Ulich, Prof. Dr. phil., geb. 1929, studierte an der Universität München Psychologie, wo er 1954 das Diplom erwarb und 1955 promovierte. 1955 bis 1957 arbeitete er als Assistent am Max-Planck-Institut für Arbeitspsychologie in Dortmund und bis 1965 als Assistent und Lehrbeauftragter an der Universität München. Von 1965 bis 1967 lehrte er als Privatdozent an der Technischen Hochschule München und war bis 1969 als Professor an der Technischen Universität Berlin tätig. Bis 1972 war er Ordinarius für Psychologie an der Deutschen Sporthochschule in Köln und Honorarprofessor an der Universität Heidelberg. Seit 1972 ist er Ordinarius für Arbeits- und Organisationspsychologie an der ETH Zürich. Eberhard Ulichs Forschungen erstrecken sich von alternativen Arbeitsformen in Industrie und Verwaltung, computergestützter Büroarbeit und rechnerunterstützter Produktion, Arbeitszufriedenheit und persönlichkeitsförderlicher Arbeitsgestaltung bis hin zu Zeitstrukturen und Schicht-

arbeit. Er ist Herausgeber der "Schriften zur Arbeitspsychologie" sowie der Schriftenreihe "Mensch-Technik-Organisation".
Adresse: Institut für Arbeitspsychologie, ETH-Zentrum, 8092 Zürich

Hans Würgler, Prof. Dr. oec. publ., geb. 1927, studierte an der Universität Zürich Volkswirtschaftslehre, wo er - nach Studienaufenthalten in England - 1956 doktorierte. Zwischenzeitlich war er länger in Afghanistan privatwirtschaftlich tätig. Ab 1957 arbeitete er als wissenschaftlicher Assistent an der ETH Zürich und wurde dort 1964 zum Professor für Nationalökonomie und zum Leiter der Konjunkturforschungsstelle gewählt. Von diesen Funktionen ist er Ende 1992 zurückgetreten. Neben der Konjunktur-, Wachstums- und Strukturforschung galt sein Interesse der Ordnungspolitik und verschiedenen Bereichen der Wirtschaftspolitik. Publikationen erfolgten zu Problemen der Stabilisierungs-, Agrar-, Boden-, Wohnungsmarkt- und Sozialpolitik. Er wirkte in vielen Expertenkommissionen des Bundes mit; unter anderem präsidierte er von 1967-1979 die Kommission für Konjunkturfragen.
Adresse: Huttenstrasse 34, ETH-Zentrum, 8092 Zürich

HANDBUCH
ARBEITSZEIT

PERSPEKTIVEN · PROBLEME · PRAXISBEISPIELE

Jürg Baillod
Toni Holenweger
Katharina Ley
Peter Saxenhofer

Reihe Arbeitswelt Band 7
2., unveränderte Auflage 199
518 Seiten, Format 16 x 23 cm
broschiert
Fr. 54.–, ISBN 3 7281 1943 1